"十三五"应用型人才培养规划教材——财经商贸

基础会计

康　莉　吕翠萍／主　编
张海霞　祁俏格　春　山／副主编

清华大学出版社
北　京

内容简介

本书根据最新《企业会计准则》编写，系统介绍会计的基本职能、任务、目标、核算基础和原则、会计对象、会计要素、会计科目和账户、记账方法、会计基本业务处理程序、会计凭证、账簿、财产清查、会计报表、会计档案、会计电算化等内容。本书知识系统、案例丰富、实用性强，还配套了习题与实训教程。

本书可以作为应用型大学、高职高专和成人高校财经类专业的首选教材，也可以作为工商企业财税管理干部及从业人员的在职培训教材。

图书在版编目(CIP)数据

基础会计/康莉，吕翠萍主编. --北京：清华大学出版社，2016
"十三五"应用型人才培养规划教材. 财经商贸
ISBN 978-7-302-44342-1

Ⅰ. ①基…　Ⅱ. ①康… ②吕…　Ⅲ. ①会计学－教材　Ⅳ. ①F230

中国版本图书馆 CIP 数据核字(2016)第 166856 号

责任编辑：张　弛
封面设计：常雪影
责任校对：李　梅
责任印制：刘海龙

出版发行：清华大学出版社
网　　址：http://www.tup.com.cn，http://www.wqbook.com
地　　址：北京清华大学学研大厦 A 座　　**邮　　编**：100084
社 总 机：010-62770175　　**邮　　购**：010-62786544
投稿与读者服务：010-62776969，c-service@tup.tsinghua.edu.cn
质量反馈：010-62772015，zhiliang@tup.tsinghua.edu.cn
课件下载：http://www.tup.com.cn，010-62770175-4278
印 装 者：北京嘉实印刷有限公司
经　　销：全国新华书店
开　　本：185mm×260mm　　**印　　张**：11.25　　**字　　数**：282 千字
版　　次：2016 年 9 月第 1 版　　**印　　次**：2016 年 9 月第 1 次印刷
印　　数：1～2000
定　　价：26.00 元

产品编号：068248-01

PREFACE 序

我国经过多年的改革开放，经济已连续多年保持持续高速的增长。为了稳步推动我国经济和社会全面、协调、可持续发展，财政部陆续颁布实施了新的“税法、企业会计准则、企业财务通则”等法律法规和财税管理规章制度，促进了我国财税理论与实践的变革与发展。财税管理作为市场经济运行管理的主体，为财政税收管理，国家、区域和企业经济政策和发展计划的制定及实施，提供科学的依据和支持。会计和税务在国家经济建设和发展、改善民生、构建和谐社会等各方面发挥着极其重要的作用，并涉及各个经济领域的每一个企业、单位，因而，深受各级政府、各类企业和各单位管理者的高度重视。

目前，我国已进入经济和社会转型期，随着国家经济转轨、产业结构调整，我国政府倡导全民大众创新创业，大批新兴服务和文化创意产业不断涌现，如物流、电子商务、旅游、生物、医药、动漫、演艺等；同时，我国“一带一路、互联互通”总体发展战略的制定和实施，极大地促进了我国经济国际化的快速发展。这些都促使国家及时出台多项有利于新兴产业、外向型企业和中小微企业发展的财税政策。

现代会计在其发展过程中已构建了较为完善的会计信息系统和会计控制系统，渗透到企业经营管理的各个方面，发挥着重要的管理作用；财税政策体现了国家经济发展的主导性，财税规章管理制度则是企业合法经营的基本保障。随着我国经济改革不断深化、经济国际化特征日趋明显，企业内外部环境也在发生着重大变化，新的经济现象与管理方式不断出现，这就对企业会计从业人员业务素质提出越来越高的要求。加强现代企业管理者会计、税务知识技能的培训及更新升级，定期、系统培养并提供符合时代需求的财税管理人才，规范经营、提高管理能力、更好地为我国经济发展服务，已成为财税管理工作的一个重要目标，这也是本套教材出版的目的和意义。

我们依据高校教育教学特点和培养目标，参考大量国内外相关教育教学理论书籍，结合多年的财税理论研究和教学实践经验，组织多年从事会计和税务课程教学的多所高校的一线老师共同撰写完成本套系列教材。

本套系列教材具有以下特点。

(1) 新理念。本套系列教材在编写过程中，遵循科学发展观，坚持改革创新，注重与时俱进，按照高校教育教学目标的精神和要求，依据我国目前经济转轨、产业结构调整的新思路及财税改革的新举措，同时，考虑大学生就业特点和社会各类企业对财税岗位用人的实际需求。既强调财税理论和方法的掌握，又重视运用能力的培养；既考虑教材的适用性，也充分考虑专业素质教育的要求。

(2) 新模式。积极吸收国内外新的财税教学理论和方法，在教学结构和模型设计上，力求以学生为中心，以专业主题为主线，以综合能力培养为目标，体现理论教学、案例分析、软件应用相结合的实操训练一体化教学结构与模式。

(3) 新内容。本套教材紧密结合国家财税改革与发展，前瞻性强，具有理论表述通俗、注重系统知识和知识更新、案例丰富且贴近实际、强调实用性、突出计算机新功能软件的运用、适用范围广等特点。既重视学生掌握财税专业理论和方法知识，并且能够运用专业理论和方法去正确地认识和反映社会经济活动。同时，还要考虑学生就业、考取上岗资格证、各级专业证书的需要。

本套系列教材依据高校教育教学特点和培养目标编写，同时兼顾高职高专和成人高校会计、税务教学。因此，本套教材既可以作为应用型大学财经管理专业的首选教材，也可以作为高职高专院校经济类和管理类专业的教学用书，还可以作为经济管理领域的财会及税务实务工作者和管理人员的岗位培训用书和参考用书，并可为社会广大中小微企业创业者提供有益的学习指导。

在教材编写过程中，我们参阅和借鉴了国内外同行的大量文献，以及国家历年颁布实施的财税政策法规与管理制度，并得到院校、会计事务及行业协会专家、教授的帮助与支持以及具体指导，在此表示衷心的感谢。为配合本套教材的发行使用特提供配套电子课件，读者可以从清华大学出版社网站(www.tup.com.cn)免费下载使用。由于水平有限，加上国家财税政策变化快，书中不足之处在所难免，恳请读者多提宝贵意见。

教材编委会

2016年3月

FOREWORD 

基础会计是管理类和经济类等学科的一门专业基础课，是会计学专业入门课程。基础会计主要介绍会计的基本理论、基本核算方法和基本操作技能，为后续财务会计等会计专业课程奠定理论基础。

本书以财政部最新发布的企业会计准则及其应用指南为依据，结合会计从业资格考试的内容，编写组教师本着“理论必需、够用”，突出实践操作能力的指导思想，结合多年的教学经验和实践经验，编写了这本教材。

本书有以下特点。

(1) 实用性强。按照培养技能型应用人才的目标安排内容体系，知识结构适合教学的需要。

(2) 针对性强。将学历教育与会计资格证考试相结合，在突出实践操作的同时，教材内容与会计从业考试内容紧密结合。

(3) 实践性强。坚持理论与实践结合，以介绍复式记账法为基础和主线，以会计核算方法为重点，强化实例分析，注重培养学生的实际操作能力。

本书还配套了《基础会计习题与实训》共同使用。

本书由康莉、吕翠萍担任主编，张海霞、祁俏格、春山担任副主编，曹志军、公丽娟参与编写。具体分工如下：第一章、第八章由内蒙古财经大学康莉编写；第二章、第七章由内蒙古财经大学祁俏格编写；第三章、第四章由内蒙古财经大学张海霞编写；第五章、第六章、第九章由内蒙古财经大学吕翠萍编写；第十章由内蒙古财经大学春山编写。全书的修改和统撰由内蒙古财经大学曹志军和呼和浩特商贸职业学院公丽娟完成。

由于编者水平有限，疏漏之处在所难免，恳请读者和同行不吝赐教，以便修正不足之处。

编　者

2016年6月

CONTENTS  

第一章

总　论

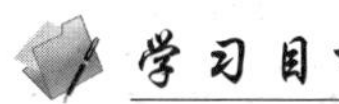

理解会计的本质和含义；明确会计的基本职能和目标；理解和把握会计核算的基本前提；对比掌握权责发生制和收付实现制及其运用；着重理解会计信息质量要求；了解会计核算的基本内容和会计核算的基本方法；运用案例对比分析权责发生制和收付实现制。

第一节　会计的基本概念

一、会计的产生与发展

会计是人类社会生产经营活动发展的必然产物。生产活动一方面创造物质财富；另一方面要发生劳动耗费，为了实现价值增值，人们总是希望用有限的物质资源创造出尽可能多的物质财富，从而人类产生了对劳动成果和劳动耗费进行记录的需求。

在人类社会发展初期，社会生产力极其低下，对生产活动的记录也极为简单，原始社会末期出现的"结绳记事""刻契记事"等原始计算和记录的方法，即由生产者在生产时间之余附带地把收入、支出等事项加以记载，它只是生产职能的附带管理工作。此时会计的发展尚处于萌芽阶段。

随着生产力的不断发展，剩余产品出现，对生产活动的记录、计算日益迫切，会计的管理职能逐渐从生产职能中分离出来，产生了专门记录、计算和考核收支的独立工作，并逐渐形成了专门从事这一工作的专职人员。会计成为一项独立的活动，标志着会计的诞生。

在历史的长河中，会计的发展大致经历了古代会计、近代会计和现代会计 3 个主要阶段。

1. 古代会计

习惯上将 15 世纪以前的会计称为古代会计。它是以官厅会计为主，主要是服务于奴隶主和封建皇(王)室赋税征收、财政支出以及财产保管的会计。

2. 近代会计

近代会计是从运用复式簿记开始的。1494 年，意大利数学家卢卡·帕乔利出版了《算术、几何及比例概要》一书，其中的《簿记论》较为详细地阐述了日记账、分类账和总账以及试算表的编制方法，介绍了威尼斯复式记账法的原理和方法。《簿记论》的问世使会计界在关注会计实务的同时开始致力于会计理论的研究。复式簿记系统的产生是会计发展史上的里程碑。

从 16 世纪末到 19 世纪，意大利的复式簿记迅速在欧洲传播，尤其是英国工业革命的兴起，使会计理论得到广泛普及。1853 年，英国在英格兰成立了世界上第一个注册会计师专业团体——"爱丁堡会计师协会"，会计开始成为一种社会性专门专业和通用商业语言。

3. 现代会计

现代会计是20世纪50年代以后，在发达的市场经济国家特别是美国发展起来的。20世纪20年代末30年代初美国发生的经济危机促成了《证券法》和《证券交易法》的颁布及对会计准则的系统研究和制定。进入20世纪50年代，会计规范进一步发展，逐渐形成了以全面提高企业经济效益为目的、以决策会计为主要内容的管理会计。1952年，国际会计师联合会正式通过“管理会计”这一专业术语，标志着会计正式划分为财务会计和管理会计两大领域。

随着计算机、网络、通信等先进信息技术与传统会计工作的融合，会计信息化不断发展，为企业管理、控制决策和经济运行提供了实时、全方位的信息。

在我国，会计的发展也经历了一个漫长的过程。

据《周礼》记载，西周时国家设立“司会”一职对财务收支活动进行“月计岁会”，又设“司书”“职内”“职岁”和“职币”分理会计业务，其中“司书”掌管会计账簿，“职内”掌管财务收入类账户，“职岁”掌管财务支出类账户，“职币”掌管财务结余，同时建立了定期财务报告制度、专仓出纳制度、财物稽核制度等，这表明大约在西周前后，我国初步形成了会计工作组织系统，当时已形成文字叙述式的“单式记账法”。

唐宋时期，“四柱清册法”的创建和运用，为我国会计收付记账法奠定了理论基础，其中，四柱之间的关系可以表示为“旧管＋新收＝开除＋实在”，其含义相当于现代会计上的“期初结存＋本期增加＝本期减少＋期末结存”。

明末清初，出现了我国复式记账法的早期形态——“龙门账法”，它把全部账目划分为“进”（各项收入）、“缴”（各项支出）、“存”（各项资产）和“该”（资本及各项负债）四大类，运用“进－缴＝存－该”的平衡公式计算盈亏，分别编制“进缴表”和“存该表”，两表计算得出的盈亏数应当相等，称为“合龙门”。

从18世纪中叶起，中国落后于西方国家，自此，文明古国会计占主导地位的时代过去了。近500年左右的世界会计史一直朝着西方经济发达国家占主导地位的方向发展。

新中国成立后，特别是改革开放以后，中国会计在吸收西方会计精华的同时，自身取得了长足进展。我国于1992年11月制定了第一个企业会计准则，之后，我国又陆续制定了16项具体会计准则。我国在发布和实施会计准则的同时，2000年还制定了与国际会计准则基本协调的企业会计制度，进而形成了国际上少有的“准则”和“制度”并行的会计规则结构。随着经济全球化的发展和我国改革开放程度的加大，中国的会计走向国际化已成为共识，2006年2月15日财政部发布了新的《企业会计准则》，完善后的我国企业会计准则体系由1项基本准则、38项具体准则和应用指南构成。截至2014年7月，又修订了5项、新增3项会计准则，具体准增至41项。新准则的全面出台标志着我国企业财务会计进入了一个与国际会计惯例趋同的新时期。

二、会计的本质和含义

从会计的发展历程可以看到，会计与社会生产力的发展紧密相连，是人类社会发展到一定历史阶段的产物，它起源于生产实践。随着生产力的不断发展，会计的内容和形式也在不断地完善和变化，由单纯的记账、算账、办理账房业务，对外报送报表，发展为参与事前经营预测、经济决策、对经济活动进行事中控制和监督，开展事后分析、检查。历史证明，经济越发展，会计越重要。会计的内容会随着经济活动对管理要求的深化而不断丰富。因此，会计是为了满足经济管理的需要而产生的，其本质是一种价值管理活动，是经济管理的重要组成部分。

一般认为，会计是以货币作为主要计量单位，采用专门的方法和程序，对会计主体的经济活动进行连续、系统、综合、全面的核算和监督，旨在提供经济信息和提供经济效益的一项管理活动，是经济管理的重要组成部分。会计的基本特征如下。

（1）会计是一种经济计算。会计要对经济过程利用货币为主要计量手段进行全面、连续、系统的计算。经济计算时人们对经济资源（人力、物力、财力）、经济关系（所有权、分配、信贷、结算等）和经济过程（投入、产出、收入、成本、效率等）所进行的数量计算的总称。经济计算既包括对经济现象静态状况的存量计算，也包括对其动态状况的流量计算；既包括事前的计划、预算等方面计算，也包括事后的分析、评价和总结等方面的计算。会计是一种典型的经济计算，经济计算除包括会计计算外，还包括统计计算和业务计算等。

（2）会计是一个经济信息系统。这主要是对企业外部的信息使用者而言。会计将一个企业分散的经营活动转化成一组客观的数据，提供有关企业的资金、劳动、收入、成本、利润、债权、债务等信息，同时向有关方面提供信息咨询服务。信息使用者可以通过会计信息了解企业的基本情况并作为其决策的依据。会计是提供财务信息的经济信息系统，是一种“企业语言”，是企业经营的记分牌。

（3）会计是一项经济管理活动。这主要是对企业内部而言。在市场经济条件下，由于商品生产和交换的存在，经济活动中的财产物资要以价值形式表现，会计要利用货币形式对财产物资进行综合反映和管理。随着经济的发展和社会环境的变化，会计的内容和形式也在不断变化和完善，会计由单纯的记账、算账和报账，发展为经营预测、分析、决策、评价，成为企业经营管理的重要组成部分。

知识链接

会计的定义

我国会计界对会计的定义存在两种有代表性的观点。

（1）信息系统论：认为会计是旨在提高微观经济效益、加强经济管理而在企业（单位）范围内建立的一个以提供财务信息为主的经济信息系统。

（2）管理活动论：认为会计是通过搜集、处理和利用经济信息，对经济活动进行组织、控制、调节和指导，促使人们权衡利弊、比较得失、讲求经济效果的一种管理活动。

三、会计的基本职能

会计的职能是指会计在经济管理中客观上所具有的功能和发挥的作用。随着生产力水平的不断提高，社会经济关系的日益复杂和管理理论的不断深化，会计所发挥的作用也日益重要，其职能也在不断地丰富和发展。会计除核算和监督两大基本职能以外，还包括预测经济前景、参与经济决策、评价经营管理等方面的职能。

我国现行《会计法》对会计的基本职能做出了明确的规定，即会计的基本职能是进行会计核算和实行会计监督。

（一）会计核算职能

会计核算职能也称为会计反映职能，它贯穿于经济活动的全过程，是会计最基本的职能。会计核算职能是指会计以货币为主要计量单位，通过确认、计量、记录、计算、报告等环节，用会计的方法(如借贷记账法)对会计主体的经济活动进行描述,以便客观地记录会计事项,为使用者提供经济信息。

确认是运用特定会计方法,以文字和金额同时对某一交易或事项进行描述,使其反映在特定主体财务报表中的会计程序。

计量是确定某一交易或事项的金额的会计程序。

记录是对特定主体的经济活动采用一定的记账方法,在账簿中进行登记的会计程序。

报告是在确认、计量和记录的基础上,对特定主体的财务状况和经营成果向信息使用者报告的过程。

会计的核算职能具有以下特征。

(1) 会计核算以货币作为主要计量单位。在商品经济条件下,任何经济活动都同时表现为价值的运动,货币作为一般等价物便于从价值量方面对经济活动进行综合反映,为经济管理提供客观的会计信息。在货币计量的同时还辅之以实物计量、劳动计量和相关文字说明等。

(2) 会计是对客观事实的反映和描述。客观事实是指过去已经发生的经济活动,会计是对已经存在的事实做出反映,是一种事后的记录,其主要形式是记账、算账和报账。随着管理要求的不断提高,为了加强经营管理的计划性和预见性,会计利用其信息反馈,对经济活动进行事前核算和事中核算。

(3) 会计核算具有连续性、系统性和全面性。连续是指会计核算要按经济活动发生的时间先后顺序不间断地进行记录;系统是指对经济活动记录的同时要进行分类、整理和汇总,以便提供各种会计信息;全面是指对会计主体的各项经济活动的来龙去脉都必须进行全面记录、计量,既不能遗漏也不能任意取舍。

(二) 会计监督职能

会计监督职能也称为会计控制职能,是指按照一定的目的和要求,以国家的法律规范为准绳,利用会计信息系统所提供的信息,对会计主体经济活动的合法性和合理性进行控制和监督,以便规范会计行为,使之达到预期的目标。会计监督是会计主体内部的一种自我约束机制,会计核算的过程也是会计监督的过程。会计监督具有以下特征。

(1) 会计监督具有强制性和严肃性。会计监督是以国家的财经法规和财经纪律来进行监督,它要求企业的各项经济业务既要遵守国家的财经法规纪律,也要遵守企业单位的经营方针政策。《会计法》不仅赋予会计机构和会计人员实施监督的权利,还规定了相关的法律责任,具有强制性和严肃性。

(2) 会计监督以会计核算为基础。会计监督从提供单位经济效益出发,将监督贯穿于经济活动的全过程,以评价各项经济活动是否有效。因此,在会计核算的同时,会计机构和会计人员有权利并且有义务审查经济活动的真实性和合法性,确保会计信息真实有效。

(3) 会计监督具有完整性。会计监督与经济活动过程紧密联系,它不仅是对已经发生的经济活动的监督,还涉及经济活动发生之前和发生过程中的监督,即包括事前监督、事中监督和事后监督。

会计的两项基本会计职能是相辅相成、辩证统一的关系。会计核算是会计监督的基础,没有核算所提供的各种信息,监督就失去了依据;同时,会计监督又是会计核算质量的保证,没有监督就难以保证会计信息的真实性和可靠性。

四、会计的目标

会计目标是指在一定的客观环境和经济条件下，会计工作人员通过会计实践活动，期望达到的结果。会计作为经济管理活动的组成部分，其总体目标是提高经济效益，它与经济管理的总目标是一致的。就会计的具体目标而言，我国《企业会计准则——基本准则》中明确规定，会计的目标是："向财务会计报告使用者提供与企业财务状况、经营成果和现金流量等有关的会计信息，反映企业管理层受托责任履行情况，有助于财务会计报告使用者做出经济决策"。

财务会计报告使用者包括内部信息使用者和外部信息使用者两类。内部信息使用者包括会计主体内部的管理人员和职工；外部信息使用者包括政府有关部门、投资者和潜在投资者、债权人、一般大众等。

各类使用者对会计信息的需求各不相同。

（1）会计主体内部管理层需要掌握单位的经济活动、经营成果、财务状况及其变化等会计信息。会计信息是企业管理当局管理企业、进行经济决策的重要依据，据此分析经营决策的正确性、发现经营管理中存在的问题，在加强内部控制的同时提高企业经济效益。

（2）投资者和潜在投资者需要掌握会计主体的经营状况、盈利能力和发展趋势，以预测投资风险和投资报酬，做出投资决策。

（3）政府有关部门需要掌握各经济单位对国家政策的执行情况，以便利用价格、税率等经济杠杆和法律手段进行国民经济宏观调控。

（4）债权人则更关心会计主体的资产质量、获利能力和偿债能力，以此确定是否贷款给债务人以及贷款的金额、时间等。

（5）职工不仅关心会计主体目前的经营状况和获利能力，更关心其经营前景和发展趋势。

因此，针对不同使用者的需求，会计目标的定位应该是：满足会计信息使用者的需要。

第二节　会计核算的基本前提和会计基础

一、会计核算的基本前提

会计所处的社会经济环境极为复杂，会计核算和监督的是具有不确定性的经营活动，为了提供必要的会计信息，就要对会计核算中的一些重要因素，根据正常情况或客观需要，在空间范围上、在时间界限上、在计量方式上做出一些合乎情理的限制和规定，这就是会计核算的基本前提，也称会计假设。会计核算的基本前提是人类在长期的会计实践中逐步认识和总结形成的。

我国《企业会计准则——基本准则》规定，会计核算前提包括会计主体、持续经营、会计分期和货币计量四项。

（一）会计主体

会计主体是指会计工作为之服务的特定单位或组织，即在经营上或经济上具有独立性或相对独立性的单位。企业是典型的会计主体。

会计核算的对象是企业的生产经营活动，由于社会经济关系错综复杂，企业本身的经济活动也总是与其他企业或单位的经济活动相关联，因此，会计人员首先应明确会计核算的空间范围，明确哪些经济活动应当予以确认、计量和报告，哪些不应包括在其核算范围内，即要确定会计主体，明确为谁记账。我国《企业会计准则——基本准则》规定："企业应当对其本身发生的交易或者事项进行会计确认、计量和报告。"

会计主体假设把会计处理的数据和提供的信息，严格地限制在这一特定的空间范围内，而不是漫无边际的，同时也从根本上确认了会计信息系统立足于微观，主要为微观经济服务的属性。

会计主体不同于法律主体。一般来讲，法律主体必然是一个会计主体，任何企业，无论是独资、合资还是合伙企业，都是会计主体；但会计主体不一定是法律主体。例如，在企业集团的情况下，一个母公司拥有若干个子公司，企业集团在母公司的统一领导下开展经营活动。母子公司虽然是不同的法律主体（母子公司分别也是会计主体），但为了全面地反映企业集团的财务状况、经营成果和现金流量，就有必要将这个企业集团作为一个会计主体，编制合并会计报表（此处的企业集团不是一个法律主体）。又如，独立核算的生产车间、销售部门等也可以作为一个会计主体来反映其财务状况，但它们都不是法律主体。

知识链接

关于法律主体

法律主体又称法人，《民法通则》第 36 条规定："法人是具有民事权利能力和民事行为能力，依法独立享有民事权利和承担民事义务的组织。"其特征如下。

(1) 法人是一种社会组织。法人是一种客观存在，但它和自然人不同的是，它不是作为有血有肉的生物存在，而是作为组织体存在。

(2) 法人是依法成立的社会组织。依法成立是一定的社会组织能够成为民事主体的基本前提。

(3) 法人是具有民事权利能力和民事行为能力的社会组织。

(4) 法人是能够独立承担民事责任的社会组织。法人的独立责任是指法人在违反义务而对外承担责任时，其责任范围应当以其所拥有或经营管理的财产为限，法人的成员和其他人不对此承担责任。

（二）持续经营

持续经营是假设会计主体将按照正常的经营和既定的经营目标持续经营下去，在可以预见的将来不会破产、清算和倒闭，即企业所拥有的资产将在正常的经营过程中被耗用、出售或转换，其所承担的债务将在正常的经营过程中按期清偿。它要求会计人员以持续经营为前提，选择会计程序和会计处理方法，进行会计核算。我国《企业会计准则——基本准则》规定："企业会计确认、计量和报告应当以持续经营为前提。"

会计核算所适用的会计原则和会计处理方法都建立在会计主体持续经营的基础上。例如，企业的房屋建筑物及机器设备等固定资产，只有在持续经营的前提下，才可以在固定资产的使用年限内，采用某种方法计提折旧；对于企业所承担的债务，也只有在持续经营的前提下，才可以按照规定的条件偿还。持续经营虽然是一种假设，但基本符合人们的思维习惯，也有利于企业组织会计核算工作。可以想象，如果没有这样的假定，不仅会计核算无法保持其稳定性，企业生产经营活动也无法正常进行。

可见，如果没有持续经营这一假设，会计就没有确定的时间范围，就无法进行核算，它为会计核算明确了时间范围，从而使会计核算有一个稳定的基础。

应当指出，如果企业经营走向破产，即不再符合持续经营的假设，可以采用破产清算等特殊会计方法对其进行核算。

（三）会计分期

会计分期是指将一个会计主体持续的生产经营活动划分为若干个较短的相对等距的会计期间，以便分期结算账目和编制财务会计报告。我国《企业会计准则——基本准则》规定："企业应当划分会计期间，分期结算账目和编制财务会计报告。"

会计分期的目的在于通过会计期间的划分，据以结算账目，编制财务会计报告，从而及时地向有关方面提供反映经营成果和财务状况及其变动情况的会计信息，及时满足企业内部加强经营管理及其他有关方面进行决策的需要。从理论上讲，在企业持续经营情况下，要反映企业的财务状况和经营成果，只有等到企业所有的生产经营活动结束后，才能通过收入和费用的归集和比较，进行准确的计算，但这样做在平时的经营管理中就不能及时得到会计信息，从而无法有效的管理经营活动，因此，为了及时取得会计信息，必须人为地将持续经营过程划分为较短的会计期间，并按会计期间进行会计核算。会计期间假设是持续经营假定的一个必要补充，它同样是会计核算时间范围的规定。

我国《企业会计准则——基本准则》规定："会计期间分为年度和中期。"我国以日历年度作为会计年度，即从每年的 1 月 1 日至 12 月 31 日为一个会计年度。会计中期是指短于一个完整的会计年度的报告期间，包括半年度、季度和月份。

会计期间的划分对会计核算有着重要的作用。由于有了会计期间，才出现了本期和非本期的区别；产生了权责发生制和收付实现制；从而需要划分收益性支出和资本性支出；产生了配比原则等。只有正确划分会计期间，才能准确地提供财务状况和经营成果的资料，才能进行会计信息的对比。

知识链接

世界各国的会计年度

（1）采用历年制（1～12 月）的国家有：中国、德国、西班牙、瑞士、俄罗斯、巴西、朝鲜等。

（2）采用 4 月至次年 3 月制的国家有：加拿大、英国、印度、印度尼西亚、伊拉克、日本、新加坡等。

（3）采用 7 月至次年 6 月制的国家有：瑞典、澳大利亚、巴基斯坦、菲律宾、埃及等。

（4）采用 10 月至次年 9 月制的国家有：美国、缅甸、泰国、斯里兰卡等。

（5）阿富汗、伊朗：3 月 21 日至次年 3 月 20 日；土耳其：3 月至次年 2 月；埃塞俄比亚：7 月 8 日至次年 7 月 7 日；阿根廷：11 月至次 10 月；沙特阿拉伯：10 月 15 日至次年 10 月 14 日。

（四）货币计量

货币计量是指企业在会计核算中要以货币为统一的主要的计量单位，记录和反映企业生产经营过程和经营成果。会计核算采用货币计量，使会计核算的对象——企业的生产经营活动，统一地表现为货币资金运动，从而能够全面完整地反映企业的经营成果和财务状况及其变化情况。

货币计量有两层含义。

(1) 会计核算要以货币作为主要的计量尺度。计量尺度包括实物计量、劳动计量和货币计量。在市场经济条件下,货币是商品的一般等价物,是衡量商品价值的共同尺度,会计核算必然选择货币作为其主要计量单位,同时辅之以实物计量和劳动计量。

(2) 假定币值稳定。因为只有在币值稳定或相对稳定的情况下,不同时点上的资产的价值才有可比性,不同期间的收入和费用才能进行比较,并计算确定其经营成果,会计核算提供的会计信息才能真实反映会计主体的经济活动情况。但现实经济社会中,币值变动时有发生,有时甚至还可能急剧变动,出现恶性通货膨胀,此时可采用"通货膨胀会计"。但无论如何,货币计量及币值不变,仍然是组织正常会计核算的基本前提。

我国《会计法》规定:"会计核算以人民币为记账本位币。业务收支以人民币以外的货币为主的单位,可以选定其中一种作为记账本位币,但是编报的财务会计报表应当折算为人民币。"

在会计核算中,日常登记账簿和编制会计报表用以计量的货币,也就是单位主要会计核算业务所使用的货币,称为记账本位币。记账本位币以外的货币称为外币。

上述会计核算的基本前提具有相互依存、相互补充的关系。会计主体确立了会计核算的空间范围,持续经营与会计分期确立了会计核算的时间范围,货币计量则为会计核算提供了必要手段。没有会计主体就不会有持续经营;没有持续经营就不会有会计分期;没有货币计量就不会有现代会计。

二、会计基础

会计基础是指处理会计业务的基本出发点。之所以要设定会计处理基础,是因为在经济活动过程中,会大量地、频繁地发生着各种各样的会计事项,在这些会计事项中,有属于本期的,也有不属于本期而为跨期的,例如,企业在一定会计期间为进行生产经营活动而发生的费用和收入有以下几种情况:可能在本期付出了费用,收到了货币资金;也可能付出了费用,未收到货币资金;也可能未付出费用,收到了货币资金。这就形成了本期实际得到的收入可能与本期支付的费用有关,也可能与本期支付的费用无关,同样,本期支付的费用可能与本期收入有关,也可能与本期收入无关。如何把收入和费用在时间上加以配合呢?这就是处理会计业务的出发点,即会计处理基础,只有确定了这种出发点才能正确计算本期盈亏。

会计基础有两种:一种是权责发生制(也称应收应付制,或称应计制);另一种是收付实现制(也称实收实付制或称现金制)。

权责发生制是以权利或责任的发生与否为标准,来确认收入和费用的归属期。不论是否收付现金,均按其是否体现各个会计期间的经营成果和收益情况,确定其归属期。即凡属本期的收入,不论其款项是否收到,都应作为本期的收入;凡属本期应当负担的费用,不论其款项是否付出,都应作为本期费用。反之,凡不应归属本期的收入,即使款项在本期收到,也不作为本期收入;凡不应归属本期的费用,即使款项已经付出,也不能作为本期费用。权责发生制能够恰当地反映具体某一会计期间的经营成果,因而,绝大部分企业按这一基础记账。

收付实现制是以现金收到或付出为标准,来记录收入和费用的归属期。即按现金的收付日期确定其归属期,凡是属本期收到的收入和支出的费用,不论其是否应归属本期,都作为本期的收入和费用;反之,凡本期未收到的收入和不支付的费用,即使应归属本期收入和费用,也不能作为本期的收入和费用。收付实现制处理方法比较简单，而且对各期损益的确定不够合理，一般适用于行政单位、事业单位(经营业务除外)。

我国《企业会计准则——基本准则》规定：“企业应当以权责发生制为基础进行会计确认、计量和报告。”

上述两种处理方法，必将影响会计主体各会计期间收入、费用和盈亏的确认。现举例说明。

【例 1-1】 甲公司 2016 年 5 月份发生有关经济业务如下。

(1) 5 月 2 日，收到上月销售货款 5 000 元，存入银行。

(2) 5 月 6 日，销售产品 8 000 元，货款收到，存入银行。

(3) 5 月 12 日，销售产品 3 000 元，货款尚未收到。

(4) 5 月 14 日，预付下月房租 1 000 元。

(5) 5 月 15 日，用现金支付本月办公费 500 元。

(6) 5 月 20 日，摊销上月已付的保险费 800 元。

要求：根据上述资料，分别按照权责发生制与收付实现制分析填表 1-1。

表 1-1 权责发生制与收付实现制的比较 单位：元

经济业务	权责发生制			收付实现制		
	本月收入	本月费用	说 明	本月收入	本月费用	说 明
1			上月已确认为收入	5 000		本月收到现金，确认为本月收入
2	8 000		已实现销售，确认为本月收入	8 000		本月收到现金，确认为本月收入
3	3 000		已实现销售，确认为本月收入			本月收到现金，确认为本月收入
4			应于下月确认为费用		1 000	本月支付现金，确认为本月费用
5		500	应由本月承担的费用		500	本月支付现金，确认为本月费用
6		800	应由本月承担的费用			本月未支付现金，不能确认为本月费用
合计	11 000	1 300	本月利润 9 700	13 000	1 500	本月利润 11 500

从例 1-1 可以看出，对于同一会计主体，两种方法下确认的结果有的是一致的(如经济业务 2 和 5)，有的是不一致的(如经济业务 1、3、4、6)，从而对当期利润产生影响。

第三节 会计信息质量要求

会计信息质量要求是对企业财务报告中所提供会计信息质量的基本要求，是使财务报告中所提供会计信息对投资者等使用者决策有用应具备的基本特征。

我国《企业会计准则——基本准则》第二章规定了会计信息质量要求，概括为可靠性、相关性、可理解性、可比性、实质重于形式、重要性、谨慎性和及时性八项。

其中：可靠性、相关性、可理解性和可比性是会计信息的首要质量要求，是企业财务报告中所提供会计信息应具备的基本质量特征；实质重于形式、重要性、谨慎性和及时性是会计信息的次级质量要求，是对可靠性、相关性、可理解性和可比性等首要质量要求的补充和完善，尤其是在对某些特殊交易或者事项进行处理时，需要根据这些质量要求来把握其会计处理原则；另外，及时性还是会计信息相关性和可靠性的制约因素，企业需要在相关性和可靠性之间寻求一种平衡，以确定信息及时披露的时间。

一、可靠性

可靠性即真实性，它要求企业应当以实际发生的交易或事项为依据进行确认、计量和报告，如实反映符合确认和计量要求的各项会计要素以确保会计信息真实可靠、内容完整。

可靠性要求企业提供的会计信息真实可靠、具有可验证性，不得根据虚构、伪造、变造的交易或事项进行确认、计量和报告；不得随意减少应予以披露的信息，与使用者决策相关的有用信息应充分披露。

真实性是会计核算工作的基本要求，如果会计信息不能客观、真实地反映企业经济活动的实际情况，就不能满足有关各方了解企业财务状况和经营成果以及进行决策的需要，甚至可能导致错误的决策。

二、相关性

相关性即有用性，它要求企业提供的会计信息应当与财务报告使用者的经济决策需要相关，有助于财务报告使用者对企业过去、现在或未来的情况做出评价或预测。

相关的会计信息应当有利于使用者评价企业过去的决策，证实或者修正过去的有关预测，因而具有反馈价值。相关的会计信息还应当具有预测价值，有助于使用者根据财务报告所提供的会计信息预测企业未来的财务状况、经营成果和现金流量。

为了满足相关性的要求，企业应当在满足可靠性的前提下，在确认、计量和报告会计信息的过程中，充分考虑使用者的决策模式和信息需要。

三、可理解性

可理解性要求企业提供的会计信息应当清晰明了，便于财务报告使用者理解和使用。

企业所提供的会计信息应当能够让使用者了解其内涵，看懂其内容，让使用者有效地使用信息。同时，会计信息作为一种专业性较强的信息产品，应当认为使用者具有一定的专业知识，并且愿意付出努力去研究这些信息。因此，对于某些复杂的但对使用者决策相关的信息，企业应当在财务报告中披露，不能因为“怕”使用者难以理解而不予披露。会计人员应尽可能传递表达易被使用者理解的会计信息。使用者应设法提高理解会计信息的能力。

四、可比性

可比性要求企业提供的会计信息应当具有可比性。具体包括下列要求。

（一）同一企业不同时期可比（即纵向可比）

同一企业对于不同时期发生的相同或者相似的交易或事项，应当采用一致的会计政策，不得随意变更。但是，并非绝对不得变更，当企业按照规定或会计政策变更后可以提供更可靠、更相关的会计信息时，就有必要变更会计政策，以便向使用者提供更为有用的信息，同时，有关会计政策变更的情况应当在附注中予以说明。

（二）不同企业相同会计期间可比（即横向可比）

不同企业相同会计期间发生的相同或相似的交易或事项，应当采用规定的会计政策，确保会计信息口径一致、相互可比。对于相同或相似的交易或事项，不同企业应当采用一致的会计政策，以使不同企业按照一致的确认、计量和报告基础提供有关会计信息，便于企业之间的对比分析。

五、实质重于形式

实质是指经济实质；形式是指法律形式。实质重于形式要求企业应当按照交易或者事项的经济实质进行会计确认、计量和报告，不应仅以交易或事项的法律形式为依据。如果企业仅仅以交易或事项的法律形式为依据进行会计确认、计量和报告，那么就容易导致会计信息失真，无法如实反映经济现实和实际情况。

企业发生的交易或事项在多数情况下其经济实质和法律形式是一致的，而有些时候也会出现不一致，例如，企业以融资租赁方式租入的固定资产，从法律形式上，企业并不拥有其所有权，但是由于租赁合同中规定租赁期较长，接近于该资产的使用寿命；租赁期结束时承租方有优先购买该资产的选择权；在租赁期内承租方有权支配该资产并从中收益等。从其经济实质看，企业能够控制融资租入规定资产所创造的未来经济利益，所以，企业依据“实质重于形式”的要求，将融资租入的固定资产确认为企业资产，反映在资产负债表中。

六、重要性

重要性是指如果企业会计信息的省略或错报会影响使用者据此做出经济决策，则该信息就具有重要性。

重要性要求企业在会计核算过程中，要求对于重要的经济业务事项应当重点核算，充分披露；对于不重要的经济业务事项，可以简化、合并反映。即在符合全面性要求的前提下企业会计核算要有侧重。

重要性的应用需要依赖职业判断，企业应当根据其所处环境和实际情况，从项目的性质和金额大小两方面来判断其重要性。从项目性质来看，当某一交易或事项会影响使用者据以做出决策时，该交易或事项就具有重要性；从项目金额来看，当某一交易或事项的金额达到一定规模时，该交易或事项就具有重要性。

七、谨慎性

谨慎性要求企业对交易或者事项进行会计确认、计量和报告时应当保持应有的谨慎，不应高估资产或者收益、低估负债或者费用。

谨慎性要求企业在面临不确定性因素的情况下做出职业判断时，应当保持应有的谨慎，充分估计各种风险和损失，既不高估资产或收益，也不低估负债或费用。例如，企业计提相关资产的减值准备，就体现了谨慎性的要求。

但是，谨慎性的应用并不允许企业设置秘密准备，如果企业故意低估资产或者收益，或者故意高估负债或者费用，即不符合会计信息的可靠性和相关性要求，损害会计信息质量，扭曲企业实际的财务状况和经营成果，从而对使用者的决策产生误导，这是会计准则所不允许的。

实施谨慎性原则，对于企业存在的经营风险应加以合理估计，对防范风险起到预警作用，有利于企业做出正确的经营决策，有利于保护投资者和债权人的利益。

八、及时性

及时性要求企业对于已经发生的交易或者事项，应当及时进行确认、计量和报告，不得提前或者延后。及时性主要包括以下三方面的要求。

(1) 要及时收集会计信息。即在有关交易或事项发生时，及时收集和整理有关原始单据或凭证。

(2) 要及时处理会计信息。即要按企业会计准则的规定，及时对有关交易或事项进行确认或计量，及时编制财务报告。

(3) 要及时传递会计信息。即要按照国家规定的有关时限，及时将编制的财务报告传递给财务报告使用者，便于其及时使用和决策。

会计信息具有时效性，及时性要求在会计确认、计量和报告过程中及时收集会计信息、及时处理会计信息、及时传递会计信息，其价值在于帮助使用者做出经济决策。

第四节　会计核算的基本方法

会计的方法是履行会计职能、完成会计任务、实现会计目标的方式，是会计管理的手段。会计的方法包括会计核算方法、会计分析方法和会计检查方法。本教材主要介绍会计核算方法。

会计核算方法是对经济业务进行全面、连续、系统地记录和计算，为经营管理提供必要信息所应用的方法。会计核算方法主要包括设置账户、复式记账、填制和审核凭证、登记账簿、成本计算、财产清查和编制财务会计报告 7 种方法。

一、设置账户

设置账户是指根据会计对象的特点和经济管理的要求，对会计对象要素的具体内容进行归类、核算和监督的一种专门的方法。会计核算的内容复杂多样，为了对会计对象进行系统地核算和监督，就需要对会计对象进行科学的分类，即设置账户，每个会计账户只能反映一定的经济业务内容。通过设置账户，可以使所设置的账户既有分工，又能相互联系地反映整个会计对象的内容，以便提供经营管理所需的各种核算指标。

二、复式记账

复式记账是指对每一项经济业务，都要以相等的金额在两个或两个以上的相互联系的账户中进行登记的一种专门方法。它使每项经济业务所涉及的两个或两个以上的账户之间产生对应关系，同时，在对应账户中所记录的金额又相互平衡。通过账户的对应关系，可以了解经济业务的内容；通过账户的平衡关系可以检查经济业务的记录是否正确。在企业的资金运动过程中，任何一项经济业务都会引起资金的增减变化或财务收支的变化，采用复式记账法可以真实、完整地记录资金运动的来龙去脉，全面反映和监督企业的经济活动过程。例如，企业以银行存款购入固定资产，这项经济业务一方面导致银行存款的减少；另一方面带来固定资产的增加，为了全面反映该项经济业务，就必须在两个或两个以上的账户中同时进行记录。

三、填制和审核凭证

会计凭证是记录经济业务、明确经济责任的书面证明，是登记账簿的依据。填制和审核凭证是为了保证会计记录的完整、可靠，是审查经济活动是否合理合法而采用的一种专门方法。经济业务是否发生、执行和完成，要看是否取得或填制了会计凭证；对于已经完成的经济业务还要经过会计部门、会计人员的严格审核，在保证符合有关法律、制度、规定且又正确无误的情况下，才能据以登记账簿。通过凭证的填制和审核，可以提供真实可靠、合理合法的会计凭证，从而保证会计核算的质量、提供真实可靠的会计信息。

四、登记账簿

登记账簿也称记账，是以会计凭证为依据，在账簿上连续、系统、完整地记录经济业务的专门方法。由于会计凭证对经济业务的记录是分散的，每一张记账凭证通常只反映一项经济业务，为得到系统化的核算资料，必须对分散在会计凭证上的资料进行整理。而通过账簿登记和结算，就能达到这一目的。账簿是用来保存会计信息的重要工具，它具有一定的结构、格式，账簿记录必须严格以记账凭证为依据，并且要定期对账、结账，从而及时、系统地反映会计单位经济活动和财务收支状况，为编制财务报告和企业内部管理提供必要的、有用的会计信息。

五、成本计算

成本计算是按照一定的成本对象，对生产经营过程中所发生的成本、费用进行归集，以确定各对象的总成本和单位成本的一种专门方法。通过成本计算，可以核算和监督生产经营过程中所发生的费用是否节约，并据以确定企业盈亏。因此，做好成本计算工作，对于挖掘降低成本的潜力、加强成本管理、提高经济效益具有重要作用，同时，成本计算还可以为企业制定价格政策提供重要依据。

六、财产清查

财产清查是对各项财产、物资进行实地盘点和核对，查明财产物资、货币资金和往来款项的实有数额，确定其账面结存数额和实际结存数额是否一致，以保证账实相符的一种会计专门方法。

财产清查是内部牵制制度的一个部分，其目的在于定期确定内部牵制制度执行是否有效。在企业日常工作中，在考虑成本、效益的前提下，可选择范围大小适宜、时机恰当的财产清查。也就是说，可按照财产清查实施的范围、时间间隔等把财产清查适当地进行分类。

在清查中，如果发现账实不符，应查明原因，调整账簿记录，使账存数与实存数保持一致，做到账实相符，同时，及时追查原因，明确责任，加强管理。通过财产清查，可以查明各项财产物资的保管和使用情况，以便采取措施挖掘物资潜力、加速资金周转。财产清查对保证会计核算资料的正确性和监督财产的安全性与合理性具有重要作用。

七、编制会计报表

会计报表是以会计账簿为主要依据，以货币为计量单位，全面、总括地反映会计个体在一定时期内财务状况、经营成果和理财过程的报告文件。

会计报表是会计核算的最终成果。企业在日常的会计核算中，对其经营过程中所发生的各项经济业务，分别通过设置账户、复式记账、填制和审核凭证、登记账簿、成本计算、财产清查等会计核算方法，反映在各种会计账簿中。会计账簿资料是根据会计凭证分类汇总登记的，虽然比会计凭证反映的信息更条理化、系统化，但就其某一会计期间的经营过程整体而言，它所提供的会计信息仍然是不完整和相对分散的，不能集中、简明扼要地反映公司经营过程的全貌。因此，定期地对会计账簿资料进行归集、加工、汇总，编制各种会计报表，为有关方面提供总括性的会计信息，是企业一项不可或缺的会计工作。

本章小结

通过本章的学习，系统掌握以下知识点。

本章内容	重要知识点
会计的本质、含义	会计是经济管理的重要组成部分，是以货币作为主要计量单位，采用专门的方法和程序，对会计主体的经济活动进行连续、系统、综合、全面地核算和监督，旨在提供经济信息和提供经济效益的一项管理活动
会计的基本职能	核算、监督
会计的目标	向财务会计报告使用者提供与企业财务状况、经营成果和现金流量等有关的会计信息，反映企业管理层受托责任履行情况，有助于财务会计报告使用者做出经济决策
会计核算的基本前提	会计主体、持续经营、会计期间和货币计量
会计基础	权责发生制、收付实现制
会计信息质量要求	可靠性、相关性、可理解性、可比性、实质重于形式、重要性、谨慎性和及时性
会计核算方法	设置账户、复式记账、填制和审核凭证、登记账簿、成本计算、财产清查和编制财务会计报告

第二章

会计要素与会计等式

学习目标

掌握会计要素的概念；掌握会计要素的内容及各要素的分类；掌握会计等式及经济业务对会计等式的影响。

第一节 会计要素

为了对不同的经济业务事项进行确认、计量、记录和报告，必须对会计核算和监督的内容进行进一步分类。这种分类的类别，称为会计要素。

一、会计要素的概念

会计要素是对会计对象按经济特征进行分类，是会计对象的具体化。我国的《企业会计准则——基本准则》将会计要素划分为资产、负债、所有者权益、收入、费用、利润六大类。其中资产、负债、所有者权益属于反映财务状况的会计要素；收入、费用、利润属于反映经营成果的会计要素。

二、反映财务状况的会计要素

财务状况是指企业特定日期的资产及权益情况，是资金运动的静态表现。资产、负债和所有者权益反映企业的财务状况，它们是资产负债表的构成要素。

（一）资产

资产是指由过去的交易或事项形成的，由企业拥有或控制的资源，该资源预期会给企业带来经济利益。资产包括货币资金、各种财产、债权和其他权利。

1. 资产的特征

(1) 资产预期会给企业带来经济利益。这是资产最重要的特征，是指资产具有直接或间接导致现金和现金等价物流入企业的潜力。如企业通过收回应收账款、出售商品等直接获得经济利益，也可通过对外投资以获得股利或利润等方式间接获得经济利益。如果某一项目预期不能给企业带来经济利益，那么就不能将其确认为企业的资产。

(2) 资产必须是由企业拥有或控制的。一项资源要作为企业的资产，企业必须享有此项资源的所有权。但对一些以特殊方式取得的资产，企业虽然不享有所有权，但能够被企业控制，即企业可享有其控制权，也应作为企业的资产。如融资租入固定资产，企业仅拥有其控制权，根据实质重于形式的原则，应将其作为企业的资产核算和管理。

(3) 资产是由企业过去的交易或事项形成的。作为企业的资产,必须是现实的而不是预期的,它是企业过去已经发生的交易或事项所产生的结果,包括购买、生产、建造行为以及其他交易或事项。预期在未来发生的交易或事项不形成资产。

知识链接

租赁类型包括:融资租赁和经营租赁。融资租赁是指在实质上转移了与资产所有权有关的主要风险和报酬的一种租赁。经营租赁是指融资租赁以外的另一种租赁。

融资租赁特点如下。

(1) 租期较长(一般达到租赁资产使用年限)。

(2) 租约一般不能取消。

(3) 支付的租金包括了设备的价款、租赁费和借款利息等。

(4) 租赁期满,承租人有优先选择廉价购买租赁资产的权利。也就是说,在融资租赁的方式下,与租赁资产有关的主要风险和报酬已由出租人转归承租人。

符合上述资产定义的资源,如同时满足下列两个条件,即可确认为企业的资产:一是与该资源有关的经济利益很可能流入企业;二是该资源的成本或价值能够可靠地计量。

2. 资产的分类

资产按其流动性不同,分为流动资产和非流动资产。

流动资产是指在1年内(包括1年)或超过1年的一个正常营业周期内变现或耗用的资产。流动资产主要包括货币资金、交易性金融资产、应收票据、应收账款、预付账款、应收利息、应收股利、其他应收款、存货等。

非流动资产是指流动资产以外的资产,主要包括长期股权投资、固定资产、在建工程、无形资产等。

(二) 负债

负债是指企业过去的交易或事项形成的现时义务,履行该义务预期会导致经济利益流出企业。

1. 负债的特征

(1) 负债是企业承担的现时义务。现时义务是指企业在现行条件下已承担的义务。未来发生的交易或事项形成的义务,不属于现时义务,不应当确认为企业的负债。如企业已取得的银行借款,因企业已承担了还本付息的现时义务,应作为企业的负债核算;如果企业只是与银行签订了借款协议,具体的借款事项尚未办理,企业不需承担还本付息的义务,不属于企业的负债。

(2) 负债的清偿预期会导致经济利益流出企业。负债通常在未来某一时日需通过交付资产或提供劳务等清偿。即履行清偿义务,预期会导致经济利益流出企业。如企业用银行存款偿还银行借款,用现金支付欠职工的工资等,都导致经济利益流出企业。

(3) 负债是企业过去的交易或事项形成的。导致负债的交易或事项必须已经发生,如企业因购买货物产生的应付账款、接受运输企业提供的运输劳务形成的其他应付款等。对于企业正在筹划的未来交易或事项,并不构成企业负债。

符合上述负债定义的义务,如同时符合以下两个条件,即可确认为企业的负债:一是与该义务有关的经济利益很可能流出企业;二是未来流出的经济利益的金额能够可靠计量。

2. 负债的分类

负债按其流动性不同,分为流动负债和非流动负债。

流动负债是指企业将在1年(含1年)或超过1年的一个正常营业周期内偿还的债务,流动负债主要包括短期借款、应付票据、应付账款、预收账款、应付职工薪酬、应交税费、应付利息、应付股利、其他应付款等。

非流动负债是指流动负债以外的负债,主要包括长期借款、应付债券、长期应付款等。

(三) 所有者权益

所有者权益是指企业资产扣除负债后由所有者享有的剩余权益,即企业投资者对企业净资产的所有权。所有者权益表明企业的产权关系,即企业归谁所有。公司制企业的所有者权益又称为股东权益。所有者权益的金额为资产减去负债的差额。

1. 所有者权益的特点

(1) 在经营期间一般无须偿还。除非发生减资、清算等,企业一般不需要偿还投资者(即所有者)投入企业的资本。

(2) 在企业清算时所有者权益排在负债之后偿还。企业在清算时,只有在用企业的资产偿还所有的负债后剩余的部分,才能返还给投资者。

(3) 所有者能够获得企业利润。所有者凭借对企业的所有权,能够参与企业的生产经营和利润分配。但只有在企业实现利润的情况下才能从企业利润分配中获取收益。

2. 所有者权益的分类

所有者权益主要包括实收资本(股本)、资本公积、盈余公积和未分配利润。

实收资本是指所有者投入企业经营活动的各项财产物资。它仅指构成企业注册资本或股本部分的金额。

资本公积包括应直接记入所有者权益的利得或损失及接受所有者投入资本超过注册资本或股本部分的金额,即资本溢价或股本溢价。

盈余公积和未分配利润合称为留存收益。其中盈余公积是指企业从历年实现的净利润中提取形成的留存于企业内部的积累;未分配利润是指企业历年实现的净利润,在提取盈余公积及向投资者分配股利或利润后的余额。

三、反映经营成果的会计要素

经营成果是企业在一定会计期间从事生产经营活动所取得的最终成果,是资金运动的动态表现。收入、费用和利润反映企业的经营成果,它们是利润表的构成要素。

(一) 收入

收入是指企业在日常活动中形成的、会导致所有者权益增加的、与所有者投入资本无关的经济利益的总流入。

1. 收入的特征

(1) 收入是从企业的日常活动中产生的。日常活动是指企业为了完成其经营目标而从事的经常性活动以及与之相关的其他活动。如工业企业销售产品、服务企业提供服务、建筑企业提供建筑劳务等,均属于企业的日常经营活动。在日常活动中取得的经济利益的流入,属于企业的收入。

日常活动的界定将收入和利得区分开来。利得是企业非日常活动中形成的经济利益的总流入，如企业处置固定资产、无形资产取得的净收益等，属于非日常活动中取得的流入，属于利得而非收入。

(2) 收入会导致经济利益的流入。收入应当导致经济利益的流入，如企业销售产品收回现金，导致经济利益流入企业，属于企业的收入。但经济利益的流入不一定就是收入。如由所有者投入资本导致的经济利益的流入，不应该确认为收入，而应确认为投入资本。

(3) 收入会导致所有者权益的增加。收入表现为资产的增加或债务的清偿，或兼而有之，从而导致所有者权益的增加。反之，不会导致所有者权益增加的经济利益流入，因不符合收入定义，不应确认为收入，例如，企业从银行取得借款而导致经济利益流入，但该流入并不会导致所有者权益增加，因而不能将其确认为收入，而应确认为负债。

(4) 收入是指归属于企业的经济利益的流入，不包括为第三方或客户代收的款项，如销售产品收到的增值税销项税额、物业公司向客户代收的电费等。

符合上述收入定义的经济利益的流入，如同时满足下列条件，企业即可确认为收入：一是经济利益很可能流入企业；二是流入的经济利益金额能够可靠地计量。

2. 收入的分类

按企业经营活动的主次，收入可以分为主营业务收入和其他业务收入。

主营业务收入是指企业为完成其经营目标而从事主要经营活动所取得的收入，如工业企业销售产品的收入，建筑企业提供建筑劳务取得的收入等。

其他业务收入是指企业除主营业务以外从事的其他业务活动所取得的收入，如工业企业销售材料、出租固定资产、出租包装物等取得的收入。

（二）费用

费用是指企业在日常活动中发生的、会导致所有者权益减少的、与向所有者分配利润无关的经济利益的总流出。

1. 费用的特征

(1) 费用是在企业的日常活动中发生的。日常活动的界定与收入定义中涉及的日常活动的界定相一致。日常活动中产生的费用通常包括销售成本、职工薪酬、折旧费等。将费用界定为日常活动发生的，目的是为了将费用和损失区分开来。损失是企业非日常活动中形成的经济利益的总流出，如企业处置固定资产、出售无形资产等发生的净损失，属于非日常活动中发生的流出，属于损失而非费用。

(2) 费用会导致经济利益的流出。费用应当会导致经济利益流出，如企业发生的广告费、职工薪酬等，需要企业以现金支付，导致经济利益流出企业。但经济利益的流出不一定就是费用，如企业向所有者分配利润而导致的流出，不属于费用，属于利润分配。

(3) 费用会导致所有者权益的减少。费用表现为资产的减少或债务的增加，或兼而有之，从而导致所有者权益的减少。反之，不会导致所有者权益减少的经济利益流出，因不符合费用定义，不应确认为费用，如企业清偿银行借款而导致经济利益流出，但该流出并不会导致所有者权益减少，因而不能将其确认为费用，而应作为负债的减少。

2. 费用的分类

工业企业在日常活动中发生的费用，按其与成本的关系，可划分为生产费用和期间费用。

生产费用是指为生产产品、提供劳务等发生的费用，应记入产品成本、劳务成本。一般包括直接材料、直接人工和制造费用。

期间费用是不应记入成本而直接记入当期损益的费用，包括管理费用、财务费用和销售费用。

费用的内容和分类如下。

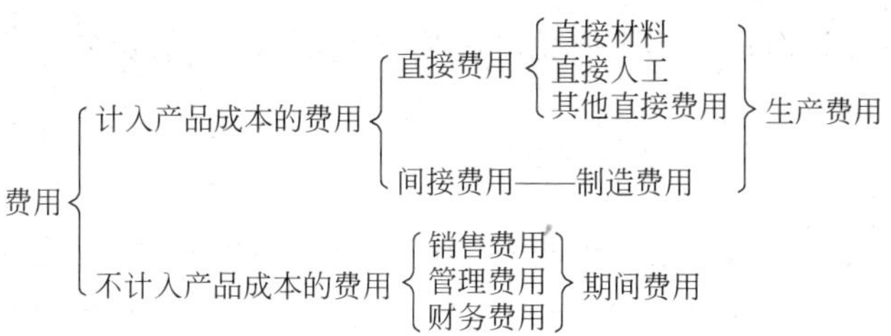

（三）利润

利润是指企业在一定会计期间的经营成果。利润反映了企业的经营业绩和获利能力，是评价企业管理层经营业绩的重要指标，也是投资者、债权人等做出投资决策、信贷决策的重要参考指标。

利润包括收入减去费用后的净额、直接记入当期利润的利得和损失。其中，"收入减去费用后的净额"体现企业日常活动中实现的经营成果，即营业利润；"直接记入当期利润的利得和损失"反映企业非日常活动带来的变化，该项利得和损失直接记入当期营业外收入和营业外支出。

利润包括营业利润、利润总额和净利润。

营业利润＝营业收入－营业成本－营业税金及附加－销售费用－管理费用－财务费用－资产减值损失＋公允价值变动收益＋投资收益

利润总额＝营业利润＋营业外收入－营业外支出

净利润＝利润总额－所得税费用

四、会计要素的计量

会计要素的计量是为了将符合确认条件的会计要素登记入账并列报于财务报表而确定其金额的过程。企业应当按照规定的会计计量属性进行计量，确认相关金额。会计的计量反映的是会计要素金额的确认基础，主要包括历史成本、重置成本、可变现净值、现值和公允价值等。

（一）历史成本

历史成本又称实际成本，是指取得或制造某项财产物资时所实际支付的现金或其他等价物。在历史成本计量下，资产按照其购置时支付的现金或现金等价物的金额，或按照购置资产时所付出的对价的公允价值计量。负责按照其因承担现时义务的合同金额，或按照日常活动中为偿还负责预期需要支付的现金或现金等价物的金额计量。

（二）重置成本

重置成本又称现行成本，是指按照当前市场条件，重新取得同样一项资产所需要支付的现金或现金等价物金额。在重置成本下，资产按照现在购买相同或相似资产所需支付的现金或现金等价物的金额计量。负债按照现在偿付该项债务所需支付的现金或现金等价物的金额计量。

（三）可变现净值

可变现净值是指在生产经营的过程中，以预计售价减去进一步加工成本和销售所必需的预计税金、费用后的净值。在可变现净值计量下，资产按照其正常对外销售的所能收到现金或现金等价物的金额扣除该资产至完工时估计将要发生的成本、估计的销售费用以及相关的税金后的金额计量。

（四）现值

现值是指对未来现金流量以恰当的折现率进行折现后的价值，是考虑货币时间价值因素等的一种计量属性。在现值计量下，资产按照预计从其持续使用和最终处置中所产生的未来现金流入量的折现金额计量。负债按照预计期限内需要偿还的未来净现金流出量的折现金额计量。

（五）公允价值

公允价值是指在公平交易中，熟悉情况双方自愿进行资产交换或债务清偿的金额。在公允价值计量下，资产和负债按照在公平交易中，熟悉情况的交易双方自愿进行资产交换或者债务清偿的金额计量。

第二节　会 计 等 式

一、会计等式

会计等式也称为会计恒等式，它是表明会计要素之间基本关系的表达式。

（一）资产、负债和所有者权益之间的关系

企业为进行正常的生产经营活动，必须拥有或控制一定数量的资产。企业资产最初的来源有两个：一是由债权人提供；二是由企业投资人（所有者）提供。由于他们为企业提供了资产，因此他们对企业的资产享有一定的要求权，在会计上把债权人和所有者对企业资产的要求权统称为“权益”。其中，属于债权人的权益称为“负债”，属于所有者的权益称为“所有者权益”。由此可见，资产和权益是企业经济资源的两个不同方面：资产说明了企业拥有或控制的经济资源的存在、使用和分布状况；权益则说明企业经济资源的来源渠道，因此，一个企业的资产和权益的总额必然是相等的。即资产、负债和所有者权益之间的关系如下。

$$\text{资产} \longleftarrow \text{资金}\begin{cases}\text{由投资人提供} \longrightarrow \text{所有者权益} \\ \text{由债权人提供} \longrightarrow \text{负债}\end{cases}\text{权益}$$

上述关系用公式表示为

$$\begin{aligned}\text{资产} &= \text{权益} \\ &= \text{负债} + \text{所有者权益}\end{aligned}$$

这一等式表明资金在静态下，资产、负债和所有者权益相互之间的平衡关系，即表明企业在某一特定日期的财务状况。它不仅说明了企业全部资产和权益在总量上相等的数量关系，而且也揭示了其中所包含的经济关系。这一等式也是设置账户、复式记账、试算平衡和编制资

产负债表的理论依据。

（二）收入、费用和利润之间的关系

企业开展经济活动的直接目的是为了获取利润。企业通过生产经营活动实现一定的收入，相应会发生一定的费用，以收入和费用相比较，就可以确定企业在一定会计期间的利润。收入、费用和利润之间的关系用公式表示为

收入－费用＝利润

企业在一定会计期间取得的收入扣除发生的各项费用后的余额，表现为利润或亏损。由于会计准则规定，收入不包括处置固定资产、出售无形资产的净收益，费用也不包括处置固定资产、出售无形资产发生的净损失及因自然灾害等发生的损失，所以，收入减去费用后，再加减营业外收入、营业外支出后的净额，才等于利润。

这一会计等式反映了资金在动态下，收入、费用和利润之间的关系，即反映企业在某一会计期间的经营成果，是编制利润表的理论依据。

（三）资产、负债、所有者权益、收入、费用和利润之间的关系

上述两个会计等式分别表明企业在某一特定日期的财务状况和某一会计期间的经营成果。其实从产权关系分析，企业的利润最终归属于企业的所有者。即企业取得的利润会增加所有者权益和资产，如发生亏损会减少所有者权益和资产。因此，六项会计要素之间是有关联关系的。其关系用公式表示为

资产＝负债＋所有者权益＋（收入－费用）

资产＝负债＋所有者权益＋利润

这一综合会计等式把企业的财务状况和经营成果的内在联系直接表示出来，说明了经营成果对资产和所有者权益的影响，反映了在会计期间内，企业经营成果结算之前某一特定时刻的财务状况和经营情况。企业经营成果结算后，利润按规定程序和项目分配给投资人或留存企业时，综合会计等式又可还原为

资产＝负债＋所有者权益

因此，将“资产＝负债＋所有者权益”称为会计恒等式。

二、经济业务对会计等式的影响

“资产＝权益”这一等式之所以称为恒等式，即说明无论企业发生何种经济业务、无论经济业务引起的六项会计要素发生何种增减变化，都不会破坏资产与权益的恒等关系。

企业在生产经营过程中，会发生大量的经济业务，会引起会计要素发生增减变动，从而可能导致资产与权益总额发生增减变化，但其等量关系不会变化。企业发生的经济业务对会计恒等式的影响，可归纳为以下四大类型，细分为九小类型（见表 2-1）。

（1）引起资产与权益同时增加。

（2）引起资产与权益同时减少。

（3）引起资产要素一增一减。

（4）引起权益要素一增一减。

表 2-1　企业发生的经济业务对会计恒等式的影响类型

经济业务	资产＝负债＋所有者权益			资产与权益总额
1	增加	增加		增加
2	增加		增加	增加
3	减少	减少		减少
4	减少		减少	减少
5	一增一减			不变
6		一增一减		不变
7			一增一减	不变
8		增加	减少	不变
9		减少	增加	不变

【例 2-1】 甲公司购入材料 100 000 元，货款尚未支付，材料已入库。

分析：这项经济业务使资产（原材料）增加 100 000 元，同时负债（应付账款）也增加 100 000元，即资产和负债总额同时增加 100 000 元，会计恒等式保持平衡。

【例 2-2】 甲公司收到投资者投入货币资金 500 000 元，存入银行。

分析：这项经济业务使资产（银行存款）增加 500 000 元，同时所有者权益（实收资本）也增加 500 000 元，即资产和所有者权益总额同时增加，会计恒等式保持平衡。

【例 2-3】 甲公司以银行存款偿还所欠的银行借款 80 000 元。

分析：这项经济业务使资产（银行存款）减少 80 000 元，同时负债（短期借款）也减少 80 000 元，即资产和负债总额同时减少，会计恒等式保持平衡。

【例 2-4】 甲公司按法定程序减少注册资本 60 000 元，用银行存款退还投资者的投资。

分析：这项经济业务使资产（银行存款）减少 60 000 元，同时所有者权益（实收资本）也减少 60 000 元，即资产和所有者权益总额同时减少，会计恒等式保持平衡。

【例 2-5】 甲公司购入一台生产设备，价款 200 000 元以银行存款支付。

分析：这项经济业务使资产（固定资产）增加 200 000 元，同时资产（银行存款）减少 200 000元，即资产内部一增一减，资产总额不变，会计恒等式保持平衡。

【例 2-6】 甲公司向银行借入短期借款 60 000 元直接用于偿还所欠的购货款。

分析：这项经济业务使负债（短期借款）增加 60 000 元，同时负债（应付账款）减少 60 000 元，即负债内部一增一减，负债总额不变，会计恒等式保持平衡。

【例 2-7】 经批准，甲公司将盈余公积 50 000 元转增为资本。

分析：这项经济业务使所有者权益（实收资本）增加 50 000 元，同时所有者权益（盈余公积）减少 50 000 元，即所有者权益内部一增一减，所有者权益总额不变，会计恒等式保持平衡。

【例 2-8】 甲公司向投资人宣告分配现金股利 80 000 元。

分析：这项经济业务使负债（应付股利）增加 80 000 元，同时所有者权益（未分配利润）减少 80 000 元，即负债和所有者权益一增一减，负债和所有者权益总额不变，会计恒等式保持平衡。

【例 2-9】 经与银行协商，甲公司将欠银行的 500 000 元长期借款转为银行对甲公司的投资。

分析：这项经济业务使负债（长期借款）减少 500 000 元，同时所有者权益（实收资本）增加 500 000 元，即负债和所有者权益一增一减，负债和所有者权益总额不变，会计恒等式保持平衡。

本章小结

通过本章的学习，系统掌握以下知识点。

本章内容	相关知识点
会计要素	一、会计要素的概念
	二、会计要素的内容
	（一）资产 1. 概念　2. 特征　3. 确认条件 4. 分类　5. 列举工业企业的流动资产和非流动资产
	（二）负债 1. 概念　2. 特征　3. 确认条件 4. 分类　5. 列举工业企业的流动负债和非流动负债
	（三）所有者权益 1. 概念　2. 与负债相比较，所有者权益的特点 3. 分类　4. 所有者权益各部分的来源
	（四）收入 1. 概念　2. 特征　3. 分类 4. 收入与利得的区别　5. 列举工业企业取得的收入与利得
	（五）费用 1. 概念　2. 特征　3. 分类 4. 费用与损失的区别　5. 列举工业企业发生的费用与损失
	（六）利润 1. 概念　2. 营业利润的形成 3. 利润总额的形成　4. 净利润的形成
	三、会计要素的计量
会计等式	一、会计等式
	（一）资产、负债和所有者权益的等量关系式（会计恒等式）
	（二）收入、费用和利润的等量关系式
	（三）资产、负债、所有者权益、收入、费用和利润的等量关系式
	二、经济业务的类型及对会计恒等式的影响
	（一）经济业务的类型：四大类型、九小类型
	（二）各种经济业务对会计恒等式金额及等量关系的影响

第三章

账户和复式记账

学习目标

通过本章的学习，要求学生熟记常用的会计科目，理解账户与会计科目的关系，重点掌握借贷记账法的各项内容，并能熟练应用借贷记账法处理简单经济业务，从而为以后各章的学习打下坚实基础。

第一节　会计科目与账户

一、会计科目

（一）会计科目的概念

会计科目是对会计要素的具体内容进行分类核算的项目。会计要素是对会计对象的进一步分类，而会计要素的具体内容又具有不同的特点和作用。为了全面、系统地核算和监督各项经济业务的发生情况，以满足经济管理及有关各方对会计信息的质量要求，有必要对会计要素所反映的具体内容做进一步的分类，即设置会计科目。如对于房屋、建筑物、机器设备和运输工具等设置“固定资产”科目进行反映和监督；对于原材料、辅助材料、燃料等设置“原材料”科目进行反映和监督。因此，会计科目就是对会计要素的具体内容做进一步分类的项目名称。

通过设置会计科目，可以把各项会计要素的增减变化分门别类地进行核算，以提供一系列具体、分类的指标，为企业内部经营管理者和外部使用者提供所需的完整的会计信息。

会计科目是进行会计核算的基本依据。任何企业、行政、事业单位账户的开设、会计凭证的填制、会计账簿的登记、会计报表的编制等日常账务处理，均要运用会计科目。会计科目是复式记账的基础，是编制记账凭证的基础，为成本核算及财产清查提供了前提条件，为编制会计报表提供了方便。

（二）会计科目的设置原则

1. 合法性原则

为了保证会计信息的可比性，国家财政部对企业所使用的会计科目做出较为具体的规定。企业应当按照国家统一规定的会计准则的规定，设置适合本企业的会计科目。

2. 相关性原则

会计的目标是提供有用的会计信息，满足使用者的需要。会计科目的设置应为实现会计目标而服务，从满足会计信息相关性的要求出发，设置本企业所需要的会计科目。如为了满足会计信息使用者了解企业经营成果的需求，企业必须设置“主营业务收入”“主营业务成本”“管理费用”“销售费用”“本年利润”等科目，用来反映企业盈亏的形成。

3. 实用性原则

会计科目是由国家财政部统一制定颁布的，但企业可以根据组织形式、所处行业、经营内容及业务种类等不同，自行增设、删减或合并某些会计科目，设置符合企业需要的会计科目。如有些生产企业可增设"自制半成品"科目核算半成品成本，企业预付账款业务不多的，可以不设"预付账款"科目，而通过"应付账款"科目核算。

（三）会计科目的分类

1. 按经济内容分类

会计科目按其经济内容的分类是主要的、基本的分类。会计科目根据会计要素的具体内容来划分，可以划分为资产类科目、负债类科目、共同类科目、所有者权益类科目、成本类科目和损益类科目。企业常见的会计科目如表 3-1 所示。

表 3-1　企业会计科目表（简表）

编　号	会计科目名称	编　号	会计科目名称
一、资产类		1703	无形资产减值准备
1001	库存现金	1711	商誉
1002	银行存款	1801	长期待摊费用
1012	其他货币资金	1811	递延所得税资产
1101	以公允价值计量且其变动记入当期损益的金融资产	1901	待处理财产损溢
		二、负债类	
1121	应收票据	2001	短期借款
1122	应收账款	2101	交易性金融负债
1123	预付账款	2201	应付票据
1131	应收股利	2202	应付账款
1132	应收利息	2211	应付职工薪酬
1221	其他应收款	2221	应交税费
1231	坏账准备	2231	应付利息
1402	在途物资	2232	应付股利
1403	原材料	2241	其他应付款
1404	材料成本差异	2501	长期借款
1405	库存商品	2502	应付债券
1511	长期股权投资	2701	长期应付款
1512	长期股权投资减值准备	2801	预计负债
1531	长期应收款	2901	递延所得税负债
1601	固定资产	三、共同类	
1602	累计折旧	3101	衍生工具
1603	固定资产减值准备	3201	套期工具
1604	在建工程	四、所有者权益类	
1605	工程物资	4001	实收资本（或股本）
1606	固定资产清理	4002	资本公积
1701	无形资产	4003	其他综合收益
1702	累计摊销	4101	盈余公积

续表

编　号	会计科目名称	编　号	会计科目名称
4103	本年利润	6301	营业外收入
4104	利润分配	6401	主营业务成本
五、成本类		6402	其他业务成本
5001	生产成本	6403	营业税金及附加
5101	制造费用	6601	销售费用
六、损益类		6602	管理费用
6001	主营业务收入	6603	财务费用
6051	其他业务收入	6701	资产减值损失
6101	公允价值变动损益	6711	营业外支出
6111	投资收益	6801	所得税费用

2. 按其提供核算指标详细程度分类

为了既能提供总括的会计核算指标，又能提供详细的会计核算指标，会计科目应分层次设置。同一会计科目纵向的层次关系，即为会计科目的级次，它们之间是总括与详细、统驭与从属的关系。会计科目按其提供指标的详细程度不同，可分为以下两类。

(1) 总分类科目

总分类科目亦称总账科目或一级科目，是对会计要素具体内容进行的总括分类，是反映会计核算资料总括指标的科目。如“库存现金”“银行存款”“库存商品”“固定资产”“短期借款”“实收资本”等。

(2) 明细分类科目

明细分类科目亦称明细科目或二级科目，是对总分类科目的经济内容所做的进一步分类，用来反映会计核算资料详细、具体指标的科目。企业要根据经济管理的具体需要来设置明细分类科目。如在“原材料”总分类科目下设置“原料及主要材料”“辅助材料”“燃料”等二级明细科目，分类反映原材料的具体情况。

二、账户

(一) 账户的概念

账户是根据会计科目设置的，具有一定格式和结构，用于分类反映会计要素增减变动情况及其结果的载体。设置账户是会计核算的重要方法之一。会计科目只解决了分类的问题，要把发生的业务连续、系统记录下来以取得有用的会计信息，必须根据会计科目开设账户，通过账户的一定结构和内容来实现。

同会计科目的分类相对应，账户按其所反映经济内容的不同可以分为资产类账户、负债类账户、共同类账户、所有者权益类账户、成本类账户和损益类账户；按其提供信息的详细程度及其统驭关系不同分为总分类账户（简称总账或一级账）和明细分类账户（简称明细账或二级账）。

(二) 账户的基本结构

账户是用来连续、系统、分类地记录经济业务的增减变动情况及其结果的载体。根据资金平衡的原理，企业发生的各项经济业务引起的资金变动虽然错综复杂，但从数量上的变化来看，不外乎增加和减少两种情况。因此，账户的结构也相应地划分为两部分，分别记录增加额和减少额，增减相抵后的差额，称为余额。这就是账户的基本结构。

在实际工作中，为了详细反映经济业务事项的内容，账户除了"增加""减少"和"余额"基本结构外，还应包括账户名称、记录经济业务的日期、所依据记账凭证的字号、经济业务摘要等内容，这样就形成了账户的一般格式，如表 3-2 所示。

表 3-2 账户名称（会计科目）

年		凭证		摘　　要	借　方	贷　方	借或贷	余　额
月	日	字	号					

账户结构可用简化格式 T 型来表示，如图 3-1 所示。

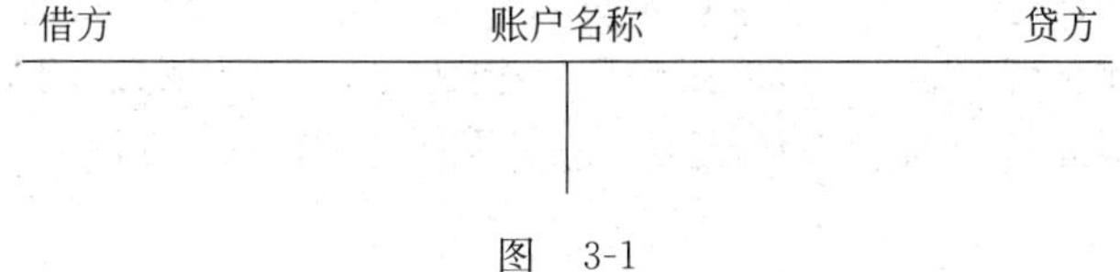

图 3-1

经济业务发生后，应将增加额与减少额分别登记在账户相应的栏目内。账户中登记本期增加的金额，称为本期增加发生额；登记本期减少的金额，称为本期减少发生额；余额按照时间的不同，分为期初余额和期末余额。账户的本期期末余额转入下期即为下期的期初余额。账户的余额一般应与增加方一致。期初余额、本期增加发生额、本期减少发生额、期末余额之间的基本关系如下：

期末余额＝期初余额＋本期增加发生额－本期减少发生额

具体记账中，账户的左右两方，究竟哪一方登记增加数，哪一方登记减少数，取决于所采用的记账方法和账户的性质。

（三）会计科目与账户的联系与区别

会计科目与账户都是用来分门别类地反映会计对象的具体内容，两者性质相同，核算内容一致。会计科目是账户的名称，也是设置账户的依据，账户是会计科目的具体应用。但是，会计科目仅仅是账户的名称，本身不存在结构；而账户除名称外，还具有一定的结构和格式，用来记录经济业务的增减变化及结果。没有会计科目，账户失去了设置的依据；没有账户，就无法发挥会计科目的作用。因此，在实际工作中，人们常常把会计科目作为账户的同义语。

第二节 复式记账

在会计工作中，为了核算和监督会计对象的具体内容，各企业应开设会计科目，并根据开设的会计科目设置相应的账户。但是，账户仅是记录经济业务的载体，要把经济业务记录在账户中，还应采用一定的记账方法。

记账方法是指根据记账原理和记账规则，使用一定的符号，在账簿中登记各项经济业务的方法。按照记录经济业务方式的不同,记账方法可分为单式记账法和复式记账法。

一、单式记账法

单式记账法是一种比较简单、不完整的记账方法,它对发生的每项经济业务所产生会计要素的增减变动只在一个账户中进行登记。通常只设置库存现金、银行存款和债权、债务账户,对发生的经济业务仅登记货币的收、付和债权、债务的结算业务,而对财产物资的收、付业务一般不进行登记核算。如用现金 500 元购买办公用品,在单式记账法下,只记录现金减少 500 元,而不记录办公费增加 500 元。

采用单式记账法,账户之间缺乏相互的对应关系,没有完整的账户体系,无法全面、系统地反映经济业务的来龙去脉,不便于检查账户记录的正确性和完整性,有很大的局限性。

二、复式记账法

复式记账法是一种科学的记账方法,是指对发生的每一笔经济业务,都必须以相等的金额同时在相互联系的两个或两个以上的账户中进行登记的记账方法。它的理论依据是会计基本等式"资产=负债+所有者权益"。与单式记账法相比较,复式记账法可以了解经济业务的来龙去脉,完整地反映经济活动的过程和结果,而且对记录的结果可以进行试算平衡,检查账户记录的正确性和完整性。

复式记账法包括借贷记账法、增减记账法和收付记账法。我国《企业会计准则——基本准则》规定:"企业应当采用借贷记账法记账。"

 知识链接

借贷记账法的产生与发展

借贷记账法产生于公元 13 世纪。在意大利一些专门从事借贷业务和兑换各种不同货币的银钱商那里,形成了借贷记账法的原始形态——佛罗伦萨式簿记法,他们用"借主"与"贷主"分别反映债券与债务的增减变动情况,即将账户分为上下两个部分进行登记,一部分登记债权,另一部分登记债务;在办理转账业务时,收进的存款记在"贷主"名下,付出的存款记在"借主"名下,这就形成借贷记账法"借""贷"两字的由来。后来以意大利的热那亚式簿记为代表的借贷记账法将佛罗伦萨式簿记法从记录债权、债务扩展到实物以及现金的结算,账户的格式不再是上下两部分,而是分成了左右两方,分别表示借方和贷方,形成借贷记账法借贷方向的符号。到了 15 世纪借贷记账法在热那亚式簿记的基础上又增加了余额账户、损益账户和资本账户,发展成为威尼斯式簿记。

卢卡·帕乔利(Luca Pacioli)的《簿记论》确立了借贷记账法,作为世界公认的复式记账法的地位,标志着近代会计的产生,是近代会计发展史的里程碑。我国最早介绍借贷记账法的书籍是 1905 年由蔡锡勇所著的《连环账谱》。1858 年(咸丰八年)后由英国人控制的海关是我国最早应用借贷记账法的部门。

三、借贷记账法

借贷记账法是以"借""贷"作为记账符号,用来记录和反映经济业务增减变动及其结果的

一种复式记账方法。其基本内容包括记账符号、账户结构、记账规则和试算平衡。

（一）记账符号

借贷记账法以“借”“贷”二字为记账符号，代表账户的记账方向。“借”代表账户的左方，“贷”代表账户的右方。“借”和“贷”本身不具有增减的含义，账户的增减是由账户的性质决定的。

（二）账户结构

借贷记账法下，账户的基本结构分为借方和贷方两个部分。账户的借方和贷方反映相反的内容。如果一个账户的借方登记增加额，则贷方登记减少额；反之，贷方登记减少额，借方登记增加额。至于账户哪一方登记增加，哪一方登记减少，取决于账户的性质和反映的经济内容。不同性质的账户，其账户结构是不同的。

1. 资产类、成本类账户的结构

在借贷记账法下，资产类、成本类账户的借方登记增加额；贷方登记减少额；期末余额一般在借方。其余额计算公式为

期末借方余额＝期初借方余额＋本期借方发生额－本期贷方发生额

资产类、成本类账户的结构用T型账户表示如图3-2所示。

借方	资产类、成本类科目 贷方
期初余额 本期增加额	本期减少额
本期发生额 期末余额	本期发生额

图 3-2

2. 负债类、所有者权益类账户的结构

在借贷记账法下，负债类、所有者权益类账户的贷方登记增加额；借方登记减少额；期末余额一般在贷方。其余额计算公式为

期末贷方余额＝期初贷方余额＋本期贷方发生额－本期借方发生额

负债类、所有者权益类账户的结构用T型账户表示如图3-3所示。

借方	负债类、所有者权益类科目 贷方
本期减少额	期初余额 本期增加额
本期发生额	本期发生额 期末余额

图 3-3

3. 损益类账户的结构

损益类账户按其反映的内容不同，分为收入收益类账户和费用支出类账户，两类账户增减方向相反。会计期末，为了计算当期利润，应将损益类账户的发生额全部结转到“本年利润”账户，因此，损益类账户期末一般无余额。损益类账户的结构用T型账户表示如图3-4和图3-5所示。

借方	收入收益类科目　　贷方
本期减少额(或结转额)	本期增加额
本期发生额	本期发生额

图 3-4

借方	费用支出类科目　　贷方
本期增加额	本期减少额(或结转额)
本期发生额	本期发生额

图 3-5

知识链接

记账规则之歌

借增贷减是资产，权益和它正相反。
成本资产总相同，细细记牢莫弄乱。
损益账户要分辨，费用收入不一般。
收入增加记贷方，减少结转在借方。
费用增加记借方，减少结转在贷方。

（三）记账规则

借贷记账法要求对于发生的每一笔经济业务，都要在两个或两个以上相互联系的账户中以相等的金额进行记录，来反映经济业务中资金运动的来龙去脉。借贷记账法的记账规则概括为“有借必有贷，借贷必相等”。

下面利用第二章中经济业务变动对会计等式影响的 9 种类型，对借贷记账法的记账规则加以说明。

【例 3-1】 A 公司收到投资者投入资金 80 000 元，存入银行。

分析：这项经济业务涉及“银行存款”和“实收资本”两个账户。一方面“银行存款”增加 80 000 元应记入账户借方；另一方面“实收资本”增加 80 000 元应记入贷方。

借方	实收资本　　贷方
	80 000

←→

借方	银行存款　　贷方
80 000	

【例 3-2】 A 公司购入原材料 40 000 元，货款未付，材料已验收入库。

分析：这项经济业务涉及“原材料”和“应付账款”两个账户。一方面“原材料”增加 40 000 元应记入账户借方；另一方面“应付账款”增加 40 000 元应记入账户贷方。

借方	应付账款　　贷方
	40 000

←→

借方	原材料　　贷方
4 000	

【例 3-3】 A 公司以银行存款偿还到期的短期借款 200 000 元。

分析：这项经济业务涉及“银行存款”和“短期借款”两个账户，一方面“短期借款”减少 200 000 元应记入账户借方；另一方面“银行存款”减少 200 000 元应记入账户贷方。

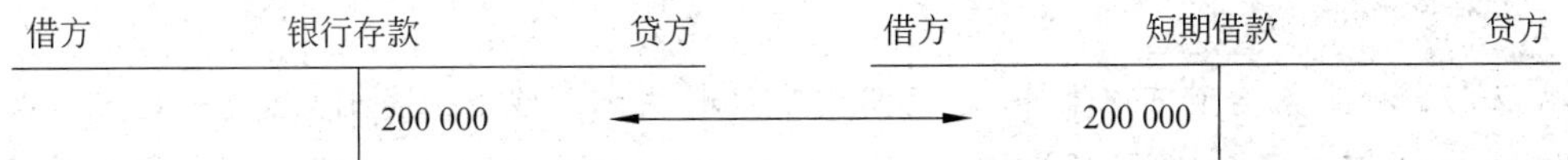

【例 3-4】 A 公司按照法定程序减少注册资本 1 000 000 元，用银行存款支付。

分析：这项经济业务涉及“银行存款”和“实收资本”两个账户。一方面“实收资本”减少 1 000 000 元应记入账户借方；另一方面“银行存款”减少 1 000 000 元应记入账户贷方。

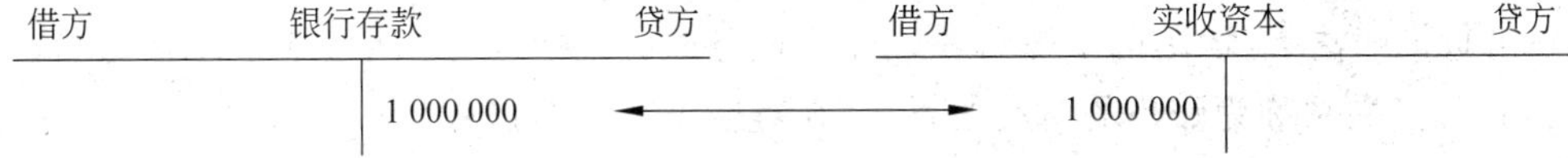

【例 3-5】 A 公司用银行存款 90 000 元购买了一台生产设备。

分析：这项经济业务涉及“银行存款”和“固定资产”两个账户。一方面“固定资产”增加 90 000 元应记入账户借方；另一方面“银行存款”减少 90 000 元应记入账户贷方。

借方	银行存款	贷方		借方	固定资产	贷方
		90 000	←→	90 000		

【例 3-6】 A 公司向银行借入短期借款 60 000 元，用于支付前欠的购货款。

分析：这项经济业务涉及“短期借款”和“应付账款”两个账户。一方面“应付账款”减少 60 000 元应记入账户借方；另一方面“短期借款”增加 60 000 元应记入账户贷方。

借方	短期借款	贷方		借方	应付账款	贷方
		60 000	←→	60 000		

【例 3-7】 A 公司用盈余公积 80 000 元向投资者宣告分配现金股利。

分析：这项经济业务涉及“盈余公积”和“应付股利”两个账户。一方面“盈余公积”减少 80 000 元应记入账户借方；另一方面“应付股利”增加 80 000 元应记入账户贷方。

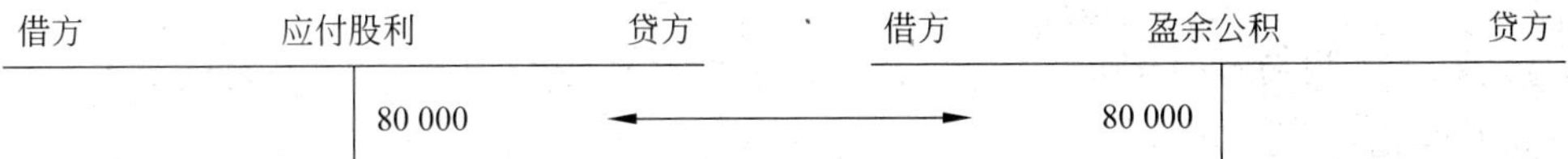

【例 3-8】 A 公司将所欠 B 公司的长期应付款 2 000 000 元转为对本企业的投入资本。

分析：这项经济业务涉及“长期应付款”和“实收资本”两个账户。一方面“长期应付款”减少 2 000 000 元应记入账户借方；另一方面“实收资本”增加 2 000 000 元应记入账户贷方。

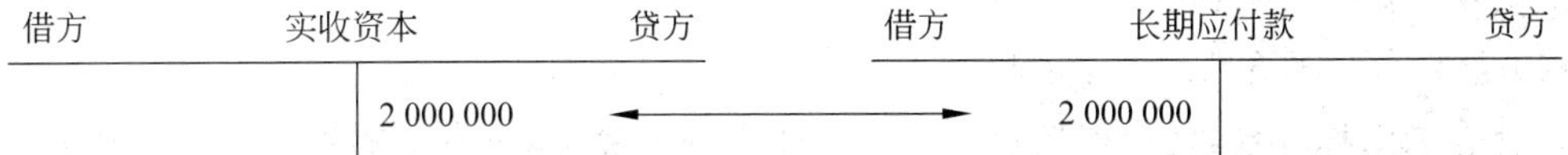

【例 3-9】 经批准，A 公司用资本公积 70 000 元转增资本。

分析：这项经济业务涉及“实收资本”和“资本公积”两个账户。一方面“资本公积”减少

70 000元应记入账户借方;另一方面"实收资本"增加70 000元应记入账户贷方。

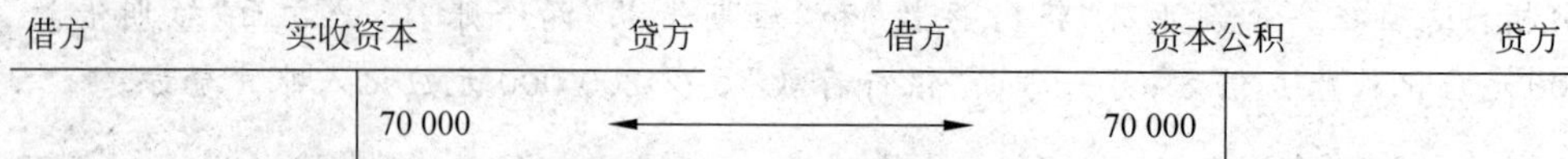

从以上9种业务类型可以看出,在运用借贷记账法记录经济业务时,总是一边记入某一账户的借方,一边记入另外账户的贷方,而且记入借方账户的金额与贷方账户的金额相等,即"有借必有贷,借贷必相等"。

(四)账户的对应关系与会计分录

1. 账户的对应关系

在借贷记账法下,运用记账规则登记经济业务时,相关账户之间形成了应借应贷的相互关系,这种相互关系称为账户的对应关系,存在对应关系的账户称为对应账户。

账户之间的对应关系,客观上可以起到以下作用。

(1) 通过账户的对应关系,可以了解经济业务的内容,明晰经济业务的来龙去脉。

(2) 通过账户的对应关系,可以判断经济业务处理的合理性和合法性。

【例3-10】 甲公司用银行存款300 000元支付职工薪酬。

分析:这项经济业务发生后,应记入"应付职工薪酬"账户借方300 000元,同时应记入"银行存款"账户贷方300 000元。

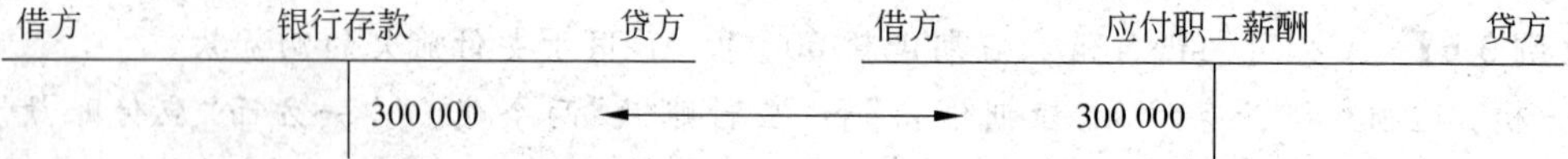

例3-10中,"应付职工薪酬"账户和"银行存款"账户之间形成了应借应贷的对应关系,从它们的对应关系中,可以看到资金的运动过程。反之,当某项经济业务发生后,可以通过对应账户之间的对应关系,了解经济业务的基本内容。

【例3-11】 甲公司发生某项经济业务,账户之间的对应关系如下。

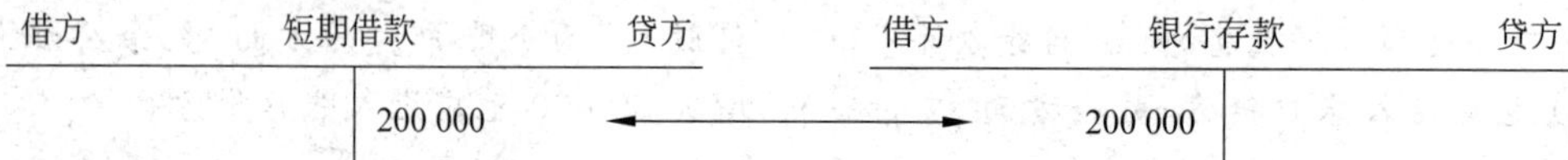

通过账户之间的对应关系,可以了解甲公司发生的经济业务,即甲公司向银行借入短期借款200 000元。

2. 会计分录

对于发生的每项经济业务,都应确定账户的对应关系,以了解经济业务的内容。同时,为了保证账户对应关系的正确性,在经济业务记入账户之前,应当根据经济业务所涉及的账户及其对应关系编制会计分录。

(1) 会计分录的含义

会计分录简称分录,是依据借贷记账法记账规则的要求,对发生的每项经济业务列出其应借、应贷账户的名称及其金额的一种书面记录。会计分录是登记账户的依据,决定了账户记录的正确性,从而影响会计信息的真实性。

（2）会计分录的编制

在运用记账规则编制会计分录时，应考虑以下 3 个方面的内容。

第一，分析经济业务的性质，确定涉及的账户。

第二，根据账户性质，确定应记入账户的借、贷方向。

第三，根据记账规则，确定记入各账户的金额。

上述 3 个方面即会计分录三要素：账户名称、记账方向和记账金额。

编写会计分录时应注意书写格式，先写借后写贷，借在上贷在下，分行列示，“借”和“贷”字后均加冒号，其后紧跟会计科目，各科目的金额列在其后适当位置。“贷”字与借方科目的首个文字对齐，贷方金额与借方金额适当错开。

【例 3-12】 2016 年 3 月，甲公司发生以下经济业务，编制如下的会计分录。

① 收回应收账款 40 000 元，存入银行。

借：银行存款　　40 000

　贷：应收账款　　40 000

② 用银行存款 20 000 元购入原材料，已验收入库。

借：原材料　　20 000

　贷：银行存款　　20 000

③ 从银行借入短期借款 10 000 元直接偿还应付账款。

借：应付账款　　10 000

　贷：短期借款　　10 000

④ 收到投资者投入资金 50 000 元，存入银行。

借：银行存款　　50 000

　贷：实收资本　　50 000

⑤ 购入原材料 30 000 元，货款未付。

借：原材料　　30 000

　贷：应付账款　　30 000

⑥ 从银行提取现金 3 000 元备用。

借：库存现金　　3 000

　贷：银行存款　　3 000

⑦ 用银行存款支付职工薪酬 20 000 元。

借：应付职工薪酬　　20 000

　贷：银行存款　　20 000

（3）会计分录的分类

会计分录按照所涉及账户的多少，可分为简单会计分录和复合会计分录。简单会计分录指仅在两个账户之间发生对应关系的分录，即一借一贷的会计分录。复合分录是由两个以上对应账户组成的会计分录，包括一个借方账户和几个贷方账户对应，或一个贷方账户和几个借方账户对应，或几个借方账户和几个贷方账户对应，即一借多贷、多借一贷或多借多贷的会计分录。

【例 3-13】 甲公司购入一批原材料，价款 200 000 元，其中以银行存款支付 120 000 元，余款尚未支付。甲公司应编制如下会计分录。

借：原材料　　200 000

贷：银行存款　　　　　　　　　　　　　　　　　　　120 000

　　应付账款　　　　　　　　　　　　　　　　　　　80 000

复合会计分录实际上是由若干简单会计分录组合而成的。上述分录可以分解成以下简单会计分录。

借：原材料　　　　　　　　　　　　　　　　120 000

　贷：银行存款　　　　　　　　　　　　　　　　　120 000

借：原材料　　　　　　　　　　　　　　　　80 000

　贷：应付账款　　　　　　　　　　　　　　　　　80 000

在实际会计工作中，某项经济业务的发生可能涉及编制复合会计分录时，不必分解为若干个简单会计分录。编制复合会计分录可以集中反映某项经济业务的全貌，简化会计分录的编制和登记账户的工作，提高会计工作效率。但是，不应把不同经济业务合并在一起编制多借多贷的复合会计分录，以免账户之间的对应关系不明确，不能如实反映各项经济业务的实际情况。

（五）试算平衡

为了确保一定会计期间所发生的经济业务能够在账户中正确记录，在会计期末，要对本会计期间内所涉及的账户进行检查核对，即试算平衡。试算平衡是根据借贷记账法的记账规则和“资产＝负债＋所有者权益”的恒等关系，检查账户记录是否正确的一种方法。

借贷记账法下，发生的每项经济业务都是依据“有借必有贷，借贷必相等”的记账规则进行记录，因此，某一会计期间所发生的经济业务登记入账后，所有总账账户的借方发生额和所有总账账户的贷方发生额必然相等。同时，期末结账后，所有总账账户的借方余额和所有总账账户的贷方余额也必然相等。根据上述分析可以看到，试算平衡包括两个方面的试算平衡。

1. 发生额试算平衡

发生额试算平衡是根据借贷记账法的记账规则来检查本期全部账户的借贷发生额是否相等的方法。其公式如下：

全部账户借方本期发生额合计 ＝ 全部账户贷方本期发生额合计

2. 余额试算平衡

余额试算平衡是根据“资产＝负债＋所有者权益”的恒等关系来检查所有账户的期末（初）借方余额合计和期末（初）贷方余额合计是否相等的方法。其公式如下：

全部账户期末（期初）借方余额合计 ＝ 全部账户期末（期初）贷方余额合计

【例 3-14】 2016 年 3 月，甲公司有关账户的期初余额如表 3-3 所示，本月发生的经济业务参见例 3-12。

表 3-3　总分类账户

2016 年 3 月 1 日　　　　　　单位：元

账户名称	借方余额	账户名称	贷方余额
库存现金	5 000	短期借款	40 000
银行存款	50 000	应付账款	10 000
应收账款	50 000	应付职工薪酬	20 000
原材料	45 000	实收资本	80 000
合计	150 000	合计	150 000

甲公司用 T 型账户表示发生的经济业务，登记如图 3-6～图 3-13 所示。

库存现金

期初余额	5 000		
⑥	3 000		
本期发生额	3 000		
期末余额	8 000		

图　3-6

银行存款

期初余额	50 000	②	20 000
①	40 000	⑥	3 000
④	50 000	⑦	20 000
本期发生额	90 000	本期发生额	43 000
期末余额	97 000		

图　3-7

原材料

期初余额	45 000		
②	20 000		
⑤	30 000		
本期发生额	50 000		
期末余额	95 000		

图　3-8

应收账款

期初余额	50 000		
		①	40 000
		本期发生额	40 000
期末余额	10 000		

图　3-9

短期借款

		期初余额	40 000
		③	10 000
		本期发生额	10 000
		期末余额	50 000

图　3-10

应付账款

③	10 000	期初余额	10 000
		⑤	30 000
本期发生额	10 000	本期发生额	30 000
		期末余额	30 000

图　3-11

实收资本

		期初余额	80 000
		④	50 000
		本期发生额	50 000
		期末余额	130 000

图 3-12

应付职工薪酬

		期初余额	20 000
⑦	20 000		
本期发生额	20 000		
		期末余额	0

图 3-13

期末，编制总分类账户发生额和余额试算平衡表如表 3-4 所示。

表 3-4 总分类账户发生额和余额试算平衡表

2016 年 3 月 31 日　　　　单位：元

账户名称	期初余额		本期发生额		期末余额	
	借 方	贷 方	借 方	贷 方	借 方	贷 方
库存现金	5 000		3 000		8 000	
银行存款	50 000		90 000	43 000	97 000	
应收账款	50 000			40 000	10 000	
原材料	45 000		50 000		95 000	
短期借款		40 000		10 000		50 000
应付账款		10 000	10 000	30 000		30 000
应付职工薪酬		20 000	20 000			0
实收资本		80 000		50 000		130 000
合计	150 000	150 000	173 000	173 000	210 000	210 000

应该注意的是，编制试算平衡表只是通过借贷金额是否平衡来检查账户记录是否正确。如果借贷双方发生额或余额不相等，可以肯定账户记录或计算有错误；如果借贷双方发生额或余额相等，可以表明账户记录基本正确，不能肯定记账无错误。因为有些错误并不影响借贷双方的平衡，这些错误通常包括如下内容。

（1）一笔经济业务借贷方漏记或重记。

（2）一笔经济业务在记录时，借贷双方金额同时多记或少记相同金额。

（3）一笔经济业务在编制会计分录时，应借、应贷账户互相颠倒，或错记账户名称。

由于试算平衡表不能检查出以上存在的错误，所以需要对一切会计记录进行经常或定期的复核，以保证账户记录的正确性。

第三节　总分类账户与明细分类账户的平行登记

在会计核算中，对于发生的经济业务都要在有关的账户中进行登记。为了满足企业经济管理的需要，会计核算不仅要提供总括的核算指标，还要提供明细的核算指标，所以会计账户也应分层次设置。账户按其提供信息的详细程度和统驭关系不同，分为总分类账户和明细分类账户。

一、总分类账户和明细分类账户的关系

总分类账户是根据总分类科目设置的，对会计要素的内容进行总括分类核算的账户，又称一级账户，简称总账或一级账。明细分类账户是根据明细分类科目设置的，对会计要素的内容进行明细核算，提供详细数据的账户，又称二级、三级账户，简称明细账或二级、三级账。例如，某企业有甲、乙两种原材料，"原材料"总分类账户总括的反映所有材料的增减变动情况，而"原材料" 总分类账户下"甲材料""乙材料"明细分类账户具体反映两种材料的增减变动情况。由此可以看出，总账和明细账所记录的经济业务内容是一致的，只是提供数据资料的详细程度不同。

总分类账户能够提供总括的核算资料，是其所属明细分类账户的统驭账户，对明细分类账户起着控制的作用；明细分类账户能够提供详细的核算资料，是总分类账户的从属账户，对总分类账户起着补充说明的作用。

二、总分类账户和明细分类账户的平行登记

平行登记是指对所发生的每项经济业务都要以会计凭证为依据，一方面记入有关的总分类账；另一方面记入所属明细分类账户的方法。总分类账户与明细分类账户平行登记的要点如下。

1. 方向相同

登记总分类账户及其所属明细分类账户时，借贷记账方向必须一致。即总分类账户登记在借方，所属明细账户也应登记在借方；相反，如果总分类账户登记在贷方，所属明细账户也应登记在贷方。

2. 金额相同

登记总分类账户及其所属明细分类账户时，记入总分类账户的金额必须与记入其所属各明细分类账户的金额合计数相等。

3. 期间相同

一项经济业务发生后，记入总分类账户和所属明细分类账户的具体时间可以有先后，但必须在同一会计期间内全部登记入账。在这里，同一会计期间一般指同一个月。

4. 依据相同

对于发生的每项经济业务，要根据相同的会计凭证，一方面记入有关的总分类账户；另一方面记入所属的有关明细分类账户。

【例 3-15】 2016 年 4 月 1 日，甲公司的“原材料”总分类账户期初借方余额为 78 000 元，其中：A 材料 1 500 千克，每千克 40 元，借方余额为 60 000 元；B 材料 900 千克，每千克 20 元，借方余额为 18 000 元。“应付账款”总分类账户期初贷方余额为 95 000 元，其中：乙公司明细分类账户期初贷方余额为 55 000 元；丙公司明细分类账户期初贷方余额为 40 000 元。

甲公司本月发生的材料收发业务和与供应单位的结算业务如下。

(1) 4 月 2 日，从丙公司购入 A 材料 200 千克，每千克 40 元，价款 8 000 元；购入 B 材料 250 千克，每千克 20 元，价款 5 000 元，原材料已验收入库，贷款尚未支付。甲公司应编制如下的会计分录。

借：原材料——A 材料　　8 000
　　　　　——B 材料　　5 000
　贷：应付账款——丙公司　　13 000

(2) 4 月 4 日，以银行存款偿还乙公司货款 30 000 元，丙公司货款 20 000 元。甲公司应编制如下的会计分录。

借：应付账款——乙公司　　30 000
　　　　　　——丙公司　　20 000
　贷：银行存款　　50 000

(3) 4 月 8 日，从丙公司购入 C 材料 200 件，每件 50 元，价款 10 000 元，材料已验收入库，货款暂欠。甲公司应编制如下的会计分录。

借：原材料——C 材料　　10 000
　贷：应付账款——丙公司　　10 000

(4) 4 月 15 日，生产车间生产产品领用 A 材料 1 000 千克，每千克 40 元，共计 40 000 元；领用 B 材料 500 千克，每千克 20 元，共计 10 000 元；领用 C 材料 70 件，每件 50 元，共计 3 500 元。甲公司应编制如下的会计分录。

借：生产成本　　53 500
　贷：原材料——A 材料　　40 000
　　　　　　——B 材料　　10 000
　　　　　　——C 材料　　3 500

根据甲公司月初余额资料和发生业务的会计分录，在“原材料”和“应付账款”两个总分类账户及其所属明细分类账户中进行平行登记。“原材料”总分类账户及明细账户登记如表 3-5～表 3-8 所示。“原材料”“应付账款”总分类账户及明细账户登记如表 3-9～表 3-11 所示。

表 3-5　原材料总分类账户　　单位：元

2016 年		凭证号数	摘　要	借　方	贷　方	借或贷	余　额
月	日						
4	1	（略）	期初余额			借	78 000
	2		购入 A 材料、B 材料	13 000		借	91 000
	8		购入 C 材料	10 000		借	101 000
	15		生产领用材料		53 500	借	47 500
	30		本月合计	23 000	53 500	借	47 500

表 3-6 原材料明细分类账户

明细账户名称：A 材料 计量单位：千克

2016 年		凭证号数	摘要	收入			发出			结存		
月	日			数量	单价	金额	数量	单价	金额	数量	单价	金额
4	1	（略）	期初余额							1 500	40.00	60 000
	2		购入材料	200	40.00	8 000				1 700	40.00	68 000
	15		生产领用				1 000	40.00	40 000	700	40.00	28 000
	30		本月合计	200	40.00	8 000	1 000	40.00	40 000	700	40.00	28 000

表 3-7 原材料明细分类账户

明细账户名称：B 材料 计量单位：千克

2016 年		凭证号数	摘要	收入			发出			结存		
月	日			数量	单价	金额	数量	单价	金额	数量	单价	金额
4	1	（略）	期初余额							900	20.00	18 000
	2		购入 B 材料	250	20.00	5 000				1 150	20.00	23 000
	15		生产领用				500	20.00	10 000			13 000
	30		本月合计	250	20.00	5 000	500	20.00	10 000	800	20.00	13 000

表 3-8 原材料明细分类账户

明细账户名称：C 材料 计量单位：件

2016 年		凭证号数	摘要	收入			发出			结存		
月	日			数量	单价	金额	数量	单价	金额	数量	单价	金额
4	2	（略）	购入 C 材料	200	50.00	10 000				200	50.00	10 000
	15		生产领用				70	50.00	3 500	130	50.00	6 500
	30		本月合计	200	50.00	10 000	70	50.00	3 500	130	50.00	6 500

表 3-9 应付账款总分类账户 单位：元

2016 年		凭证号数	摘要	借方	贷方	借或贷	余额
月	日						
4	1		期初余额			贷	95 000
	2	（略）	购入原材料，货款未付		13 000	贷	108 000
	4		偿还货款	50 000		贷	58 000
	8		购入原材料，货款未付		10 000	贷	68 000
	30		本月合计	50 000	23 000	贷	68 000

表 3-10 应付账款明细分类账户

账户名称：乙公司

2015 年		凭证号数	摘要	借方	贷方	借或贷	余额
月	日						
9	1		期初余额			贷	55 000
	4	（略）	偿还货款	30 000		贷	25 000
	30		本月合计	30 000		贷	25 000

表 3-11　应付账款明细分类账户

2015 年		凭证号数	摘　　要	借　方	贷　方	借或贷	余　额
月	日						
9	1		期初余额			贷	40 000
	2	（略）	购入材料，货款未付		13 000	贷	53 000
	4		偿还货款	20 000		贷	33 000
	8		购入材料，货款未付		10 000	贷	43 000
	30		本月合计	20 000	23 000	贷	43 000

由例 3-15 可以看出，在平行登记下，“原材料”总分类账户的本期借方、贷方发生额分别与其所属各明细分类账户本期借方、贷方发生额之和相等。“原材料”总分类账户的期末（期初）借方余额与其所属各明细分类账户期末（期初）借方余额之和相等；“应付账款”总分类账户与其所属各明细分类账户也是如此，总分类账户与其所属明细分类账户的关系如下：

总分类账本期借方（贷方）发生额＝所属明细分类账户本期借方（贷方）发生额之和

总分类账期末（期初）借方（贷方）余额＝所属明细账户期末（期初）借方（贷方）余额之和

在会计核算工作中，可以运用上述关系检查总账及其明细账账簿记录的正确性。

本章小结

通过本章的学习，系统掌握以下知识点。

本章内容	重要知识点
会计科目	(1) 含义：会计科目是对会计要素的具体内容进行分类核算的项目 (2) 分类： ① 按会计要素分为资产类、负债类、所有者权益类、成本类、损益类、共同类 ② 按提供信息的详细程度不同分为总分类科目、明细分类科目
会计账户	(1) 含义：账户是根据会计科目设置的，具有一定格式和结构，用于分类反映会计要素增减变动情况及其结果的载体 (2) 账户的基本结构：增加、减少、余额 (3) 分类： ① 按照会计要素分为资产类账户、负债类账户、所有者权益类账户、成本类账户、损益类账户、共同类账户 ② 按照提供信息的详细程度不同分为总分类账户、明细分类账户
借贷记账法	(1) 记账符号：借和贷 (2) 账户结构：资产类、成本类、损益类的费用支出类借方记增加，贷方记减少；负债类、所有者权益类、损益类的收入收益类贷方记增加，借方记减少 (3) 记账规则：有借必有贷，借贷必相等 (4) 账户的对应关系：总账之间形成的应借、应贷的关系；存在对应关系的账户，称为对应账户 (5) 会计分录：是指对发生的经济业务事项，指明应记入的账户、应借、应贷方向及金额的记录，简称分录 (6) 试算平衡：试算平衡是利用借贷发生额平衡的原理和“资产＝负债＋所有者权益”的平衡关系，检查账户记录是否正确的一种方法。包括发生额试算平衡法和余额试算平衡法

续表

本章内容	重要知识点
平行登记	(1) 总分类账户是根据总分类科目开设的账户，提供总括资料，对所属明细分类账户起统驭作用；明细分类账户是根据明细分类科目开设的账户，提供详细资料，对总分类账起补充说明的作用 (2) 含义：平行登记是指对所发生的每项经济业务都要以会计凭证为依据，一方面记入有关的总分类账；另一方面记入所属明细分类账户的方法 (3) 要点：依据相同、方向相同、金额相同、期间相同

第四章

借贷记账法下主要经济业务的核算

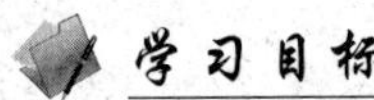

学习目标

通过本章的学习，要对制造业生产经营过程的主要经济业务有所了解，进一步理解账户的设置和复式记账原理，并在此基础上掌握各类经济业务的会计处理方法。具体是会计科目的设置和运用、各项经济业务之间的内在联系，从而能对制造业企业的会计核算全过程有一个完整的认识。能够全面、准确地掌握经济业务的会计处理。

第一节　制造业企业资金循环概述

制造业企业是生产产品的企业单位从事产品的生产和销售，其完整的生产经营过程由供应过程、生产过程和销售过程所构成。为了从事产品的生产和销售，企业必须拥有一定数量的资金。企业的资金运动表现为资金投入、资金运用和资金退出3个过程。

资金的投入包括企业所有者投入的资金和债权人投入的资金两部分。筹资任务的完成意味着资金投入企业，企业就可以用筹集到的资金开展正常的经营业务，进入到供应阶段、生产阶段、销售阶段。

资金的运用分为供应、生产、销售3个阶段。在供应阶段，企业要用货币资金购买生产所需要的原材料、机器设备等劳动资料，这时的资金从货币资金形态转化为储备资金形态。在生产阶段，劳动者借助劳动资料对劳动对象进行加工，生产过程既是产品的制造过程又是物化劳动和活劳动的耗费构成，其资金形态从储备资金形态转化为生产资金形态。在销售过程，企业将产品销售出去，收回资金，实现经营收入，其资金形态从生产资金形态转化为货币资金形态。企业的生产经营活动，经过上述3个过程，完成了一个循环。

知识链接

工业企业与商业企业的区别

工业企业是指从事生产、加工以及维修的企业。商业企业是指从事商品销售而不进行商品生产的企业。在会计核算时有“工业企业会计核算”和“商品流通企业会计核算”。工业企业和商业企业的货币流通模式是不同的。工业企业货币流通要经过：货币资金—储备资金—生产资金—成品资金—货币资金，这样一个循环过程，包含供应、生产、销售3个阶段；而商品流通企业只有购进、销售两个阶段。在商品流通过程中，不涉及生产过程业务核算的问题，而工业企业则要系统地核算这一内容。

资金的退出包括偿还各项债务、上交各项税金、向投资者分配利润等，这部分资金便离开本企业，退出本企业的资金循环与周转。

综合上述内容，企业在经营过程中发生的主要经济业务内容包括：①资金筹集业务；②供应过程业务；③生产过程业务；④销售过程业务；⑤财务成果形成和利润分配业务。

第二节　筹集资金业务的核算

一、筹集资金业务的主要内容

工业企业为组织和进行生产经营活动，必须具备符合国家规定并与生产经营和服务规模相适应的资金数额，因而，工业企业首先应当根据国家有关部门的规定，结合实际情况，从不同的渠道，多方筹集资金，以满足生产的正常需要。工业企业按其资金来源的渠道分为投资筹资和借款筹资两类。投资筹资是企业向出资人筹集资金的一种方式。包括国家投资、外单位投资、个人投资等。借款筹资是企业向出借人筹集资金的一种方式。包括向银行等金融机构借入的长期借款、短期借款，向其他单位或个人等在内的各类债权人借入的款项。因此，实收资本业务和借款业务的核算，就构成了资金筹集业务核算的主要内容。

二、筹资过程业务的核算

（一）主要账户的设置

1．“实收资本”账户

（1）核算内容：核算按照企业章程的规定，由投资者投入企业的资本(股份公司称为股本)。

（2）账户性质：所有者权益类。

（3）账户结构：贷方登记企业实际收到的投资者投入的资本数；借方登记企业按法定程序报经批准减少的注册资本数；期末余额在贷方，反映企业实有的资本或股本数额。

（4）明细账设置：按投资人设置明细科目，进行明细分类核算。

实收资本

实收资本的减少数	实收资本的增加数
	期末余额：实收资本实有数

2．“资本公积”账户

（1）核算内容：核算企业收到投资者出资额超过其注册资本或股本所占份额的部分及直接记入所有者权益的利得或损失。

（2）账户性质：所有者权益类。

（3）账户结构：贷方登记企业资本公积的增加数；借方登记企业资本公积的减少数；期末余额在贷方，反映企业资本公积的结余数额。

（4）明细账设置：应当分别按“资本溢价(股份制企业称为股本溢价)”“其他资本公积”设置明细账，进行明细核算。

资本公积

资本公积的使用数	资本公积的增加数
	期末余额：资本公积结余数

3. “固定资产”账户

(1) 核算内容：核算企业固定资产的原始价值。

(2) 账户性质：资产类。

(3) 账户结构：借方登记企业固定资产原始价值的增加数；贷方登记企业固定资产原始价值的减少数；期末余额在借方，反映固定资产原始价值的结余额。

(4) 明细账设置：应当按照固定资产的种类设置明细账，进行明细核算。

固定资产

固定资产原值的增加数	固定资产原值的减少数
期末余额：实有固定资产的原值	

4. “银行存款”账户

(1) 核算内容：核算企业存入银行或其他金融机构的各种存款。

(2) 账户性质：资产类。

(3) 账户结构：借方登记投资人货币资金投资或存入的款项；贷方登记企业提取或支出的存款数；期末余额在借方，反映企业存在银行或其他金融机构的款项。

(4) 明细账设置：应当按照固定资产的种类设置明细账，进行明细核算。

银行存款

银行存款的增加数	银行存款的减少数
期末余额：银行存款实有数	

5. “短期借款”账户

(1) 核算内容：核算企业向银行等金融机构借入的，期限在一年以内(含一年)的各种款项。

(2) 账户性质：负债类。

(3) 账户结构：贷方登记企业借入的各种款项；借方登记企业归还的借款；期末余额在贷方，反映企业尚未归还的借款。

(4) 明细账设置：应当按照债权人的不同设置明细账户，并按照借款种类进行明细分类核算。

短期借款

短期借款的偿还	短期借款的取得
	期末余额：短期借款的结余额

6. “长期借款”账户

(1) 核算内容：核算企业向银行等金融机构借入的，期限在一年以上(不含一年)的各种款项。

(2) 账户性质：负债类。

(3) 账户结构：贷方登记企业借入的各种款项本息；借方登记企业归还的借款本息；期末余额在贷方，反映企业尚未归还的借款本息。

(4) 明细账设置：应当按照债权人的不同设置明细账户，并按照借款种类进行明细分类核算。

长期借款

长期借款本息的偿还	长期借款本金的取得和未付利息的计算
	期末余额：尚未偿还借款本息的结余

7. “财务费用”账户

(1) 核算内容：核算企业为筹集生产经营所需资金而发生的各种筹资费用。

(2) 账户性质：损益类。

(3) 账户结构：借方登记企业发生的财务费用；贷方登记冲减财务费用的利息收入以及期末转入“本年利润”账户的金额，经过结转后期末无余额。

(4) 明细账设置：应当按照费用项目设置明细账户，进行明细分类核算。

财务费用

利息支出 手续费等	利息收入 期末转入“本年利润”

8. “应付利息”账户

(1) 核算内容：核算企业按照合同约定应支付的利息。

(2) 账户性质：负债类。

(3) 账户结构：贷方登记企业借入的各种款项应支付的利息；借方登记企业支付的利息；期末余额在贷方，反映企业尚未支付的利息。

(4) 明细账设置：应当按照债权人的不同设置明细账户。

应付利息

已支付的利息	应付的利息
	期末余额：尚未支付的利息

（二）主要经济业务的核算

甲公司为增值税一般纳税人，2016 年 8 月有关经济业务如下。

【例 4-1】 8 月 1 日收到国家投入流动资金 800 000 元，款项已存入银行。

分析：当企业收到投资人货币资金时，一方面企业的资产增加；另一方面企业的所有者权益也增加，此项经济业务涉及“银行存款”和“实收资本”两个账户。该业务编制会计分录如下。

借：银行存款　　800 000

　贷：实收资本——国家　　800 000

【例 4-2】 8 月 1 日收到甲公司投入设备一台，账面原值为 600 000 元，已提折旧 200 000 元，双方协商作价 450 000 元，现已交付使用。

分析：当企业收到投资人投入的实物资产时，企业的资产和所有者权益同时增加，企业对投入的实物按投资各方确认的价值入账，此项经济业务涉及“固定资产”和“实收资本”两个账户。该业务编制会计分录如下。

借：固定资产　　450 000

　贷：实收资本——甲公司　　450 000

【例 4-3】 8 月 2 日因生产经营需要向银行借入款项 600 000 元，期限为 3 个月，年利率为 10%，利息分月计提，按季支付。该笔款项已存入银行。

分析：企业借入资金时，企业的资产和负债同时增加，此项业务涉及“银行存款”和“短期借款”两个账户。该业务编制会计分录如下。

借：银行存款　　600 000
　贷：短期借款　　600 000

【例 4-4】 8 月 31 日计提本月短期借款利息。

分析：该业务的发生，一方面使企业的财务费用增加；另一方面使企业的负债增加，此项业务涉及“财务费用”和“应付利息”两个账户。该业务编制会计分录如下。

借：财务费用　　5 000
　贷：应付利息　　5 000

如果季度末支付借款利息，则该业务的发生，企业的负债和资产同时减少，此项业务涉及“银行存款”和“应付利息”账户。该业务编制会计分录如下。

借：应付利息　　15 000
　贷：银行存款　　15 000

借款到期时，归还借款本金，则会计分录如下。

借：短期借款　　600 000
　贷：银行存款　　600 000

第三节　供应过程业务的核算

一、供应过程业务的主要内容

工业企业的供应阶段的业务主要是材料采购业务，企业在材料采购中需要按照经济合同和结算制度支付货款，并支付因购货而发生的运输费、装卸费等相关采购费用。于是，支付的材料货款与相关采购费用共同构成了企业的材料采购成本。这些采购成本的核算则是购货业务核算的主要内容。

二、供应过程业务的核算

（一）主要账户的设置

1. “在途物资”账户

（1）核算内容：核算企业采用实际成本进行材料、商品等物资的日常核算、货款已付尚未验收入库的在途物资的采购成本。

（2）账户性质：资产类。

（3）账户结构：借方登记企业购入材料、商品等物资的买价和采购费用（采购实际成本）；贷方登记已经验收入库的材料、商品等物资应结转的实际采购成本。期末余额在借方反映企业在途材料、商品等物资的采购成本。

（4）明细账设置：该账户可按供应单位和物资品种进行明细核算。

在途物资

借方	贷方
购入材料的买价和采购费用	结转验收入库材料的实际采购成本
	期末余额：在途材料成本

2. “原材料”账户

(1) 核算内容：核算企业库存材料实际成本的增减变动及结存情况。

(2) 账户性质：资产类。

(3) 账户结构：借方登记企业已验收入库材料实际成本的增加；贷方登记发出材料的实际成本。期末余额在借方反映企业库存材料的实际成本。

(4) 明细账设置：按材料品种设置明细科目，进行明细分类核算。

原材料

验收入库材料的实际成本	发出材料的实际成本
	期末余额：库存材料成本

3. “应付账款”账户

(1) 核算内容：核算企业因购买材料、商品和接受劳务供应等应付给供应单位的款项。

(2) 账户性质：负债类。

(3) 账户结构：贷方登记企业因购买材料、商品或接受劳务供应等而发生的应付未付的款项；借方登记已经支付或已开出商业汇票抵付的应付款项。期末余额在贷方反映企业尚未支付的应付账款。

(4) 明细账设置：按材料品种设置明细科目，进行明细分类核算。

应付账款

偿还应付供应单位款项(减少)	应付供应单位款项的增加
	期末余额：尚未偿还的应付款

4. “预付账款”账户

(1) 核算内容：核算企业按照购货合同规定预付给供应单位的款项。

(2) 账户性质：资产类。

(3) 账户结构：借方登记按照购货合同规定预付给供应单位的货款和补付的款项；贷方登记收到所购货物的货款和退回多付的款项。期末余额在借方反映企业预付的款项；期末如为贷方余额，表示企业尚未补付的款项。

(4) 明细账设置：按供应单位设置明细科目，进行明细分类核算。

预付账款

预付供应单位款项的增加	冲销预付供应单位的款项
	期末余额：尚未结算的预付款

5. “应付票据”账户

(1) 核算内容：核算企业因购买材料、商品和接受劳务供应等开出的商业汇票(包括商业承兑汇票和银行承兑汇票)。

(2) 账户性质：负债类。

(3) 账户结构：贷方登记企业因购买材料、商品或接受劳务供应等而发生的应付未付的款项；借方登记已经支付或已开出商业汇票抵付的应付款项。期末余额在贷方反映企业尚未到期的商业汇票的票面余额。

(4) 明细账设置：按债权人的不同设置明细账，进行明细分类核算，同时设置“应付票据备查簿”。

应付票据

已支付的票款	开出、承兑商业汇票的增加
已开出商业汇票抵付的应付款项	期末余额：尚未到期商业汇票

6. “应交税费”账户

(1) 核算内容：核算企业按照规定应交的各种税费包括增值税、消费税、营业税、所得税等。

(2) 账户性质：负债类。

(3) 账户结构：贷方登记应交而未交的税费；借方登记实际交纳的各种税费。期末余额如在借方反映企业多交或尚未抵扣的税费；期末如为贷方余额，表示企业尚未交纳的税费。

(4) 明细账设置：按照税种设置明细账，进行明细分类核算。

应交税费

实际交纳的各种税费	计算出的应交而未交的税费
期末余额：多交纳的税费	期末余额：尚未交纳的税费

(二) 主要经济业务的核算

甲公司是增值税一般纳税人，适用增值税税率为17%。2016年8月有关经济业务如下。

【例4-5】 8月1日，从本地购入甲材料一批，取得的增值税票上注明原材料的买价30 000元，增值税税额5 100元，发票等结算凭证已经收到，材料尚未运到，货款已通过银行转账支付。

分析：当企业采购材料时，一项资产增加，同时另一项资产减少，此项经济业务涉及“银行存款”“材料采购”和“应交税费”3个账户。该业务编制会计分录如下。

借：在途物资——甲材料　　30 000

　　应交税费——应交增值税(进项税额)　　5 100

　贷：银行存款　　35 100

【例4-6】 8月2日例4-5中的甲材料运到并验收入库。

分析：当企业材料入库时，一项资产增加，同时另一项资产减少，此项经济业务涉及“材料采购”和“原材料”两个账户。该业务编制会计分录如下。

借：原材料——甲材料　　30 000

　贷：在途物资——甲材料　　30 000

【例4-7】 8月3日，从外地宇通公司购入乙材料一批，取得的增值税专用发票上注明原材料的买价20 000元，增值税税额3 400元，对方代垫运杂费500元，发票等结算凭证已经收到，材料已验收入库，货款暂未支付。

分析：当企业采购材料时，一方面企业的资产增加；另一方面企业的负债增加，此项经济业务涉及“应付账款”“原材料”和“应交税费”3个账户。该业务编制会计分录如下。

借：原材料——乙材料　　20 500

　　应交税费——应交增值税(进项税额)　　3 400

　贷：应付账款——宇通公司　　23 900

【例4-8】 8月4日根据合同规定，甲公司开出转账支票向大华公司预付货款10 000元用于采购甲材料。

分析：当企业开出转账支票预付货款时，一项资产增加，同时另一项资产减少，此项经济业务涉及“银行存款”和“预付账款”两个账户。该业务编制会计分录如下。

借：预付账款——大华公司　　10 000

　贷：银行存款　　10 000

【例 4-9】 8 月 5 日甲公司收到大华公司发来的甲材料，取得的增值税专用发票上注明原材料的买价 15 000 元，增值税税额 2 550 元，发票等结算凭证已经收到，材料已验收入库。

分析：当企业采购材料时，一项资产增加，同时另一项资产减少，此项经济业务涉及"预付账款""原材料"和"应交税费"3 个账户。该业务编制会计分录如下。

借：原材料——甲材料　　15 000

　应交税费——应交增值税(进项税额)　　2 550

　贷：预付账款——大华公司　　17 550

【例 4-10】 8 月 6 日甲公司开出转账支票一张，补付大华公司剩余款项。

分析：当企业采购材料时，一项资产增加，同时另一项资产减少，此项经济业务涉及"预付账款""银行存款"两个账户。该业务编制会计分录如下。

借：预付账款——大华公司　　7 550

　贷：银行存款　　7 550

【例 4-11】 8 月 8 日甲公司开出一张面值为 23 900 元的商业承兑汇票，抵偿前欠宇通公司购料款。

分析：当企业开出商业汇票偿付前欠货款时，一项负债增加，同时另一项负债减少，此项经济业务涉及"应付票据"和"应付账款"两个账户。该业务编制会计分录如下。

借：应付账款——宇通公司　　23 900

　贷：应付票据　　23 900

知识链接

增值税的税收知识

我国税法规定的增值税纳税人分为一般纳税人和小规模纳税人两种。一般纳税人使用增值税专用发票，并享受税款抵扣权，其存货成本和销售成本都不含增值税。小规模纳税人销售货物时，只使用普通发票，所收取的价款是含税价，其存货成本和销货成本都含增值税，不享受税款抵扣权。

第四节　生产过程业务的核算

一、生产过程业务的主要内容

工业企业的生产过程是制造业企业经营的中心环节。生产过程既是产品的制造过程，也是劳动力、劳动对象和劳动资料的消耗过程。企业为了生产产品，要消耗各种材料形成了材料费用；还要使用大量的人工这样形成了职工薪酬；同时还会发生固定资产的磨损、生产车间的水、电费、办公费等其他费用，这样形成了制造费用。

国际上现行产品成本计算采用制造成本法。在制造成本法下，构成产品生产成本的费用包括以下内容。

直接材料是指企业在是生产产品和提供劳务过程中所消耗的、直接用于产品生产、构成产品实体的各种原材料及主要材料、外购半成品以及有助于产品形成的辅助材料等。

直接人工是指在生产产品和提供劳务过程中，直接从事产品生产的工人工资、津贴、补贴和福利费等。

制造费用是指企业为生产产品和提供劳务而发生的各项间接费用，其构成内容包括间接的工资费、福利费、折旧费、办公费、机物料消耗、劳动保护费、季节性停工损失等。

在会计核算中，必须按照划分收益性支出和资本性支出、历史成本和权责发生制核算基础的要求对各项费用的发生额及其应归属的期间加以确认与计量，并按照各项费用的构成内容和经济用途正确地进行反映。因此，在产品生产过程中费用的发生、归集和分配以及产品成本的形成，就构成了产品生产业务核算的主要内容。

二、生产业务的核算

（一）主要账户的设置

1．"生产成本"账户

（1）核算内容：核算企业进行工业性生产，包括生产各种产品（如产成品、自制半成品等）、自制材料、自制工具、自制设备等发生的各项生产费用。

（2）账户性质：成本类。

（3）账户结构：借方登记企业应计入产品生产成本的各项费用，包括直接计入产品生产成本的直接材料费、直接人工费和期末按照一定的方法分配计入产品生产成本的制造费用；贷方登记结转完工入库产成品的生产成本。期末余额在借方，反映尚未完工品（在产品）的成本。

（4）明细账设置：按产品品种或类别设置明细账户，进行明细分类核算。

生产成本

借方	贷方
发生的生产费用 期末转入的制造费用	结转完工入库产成品的生产成本
期末余额：尚未完工的在产品成本	

2．"制造费用"账户

（1）核算内容：核算企业为生产产品和提供劳务而发生的各项间接费用。

（2）账户性质：成本类。

（3）账户结构：借方登记企业实际发生的间接费用；贷方登记月末将制造费用分配记入"生产成本"账户。月末通常无余额。

（4）明细账设置：按照不同车间设置明细账户，按照费用项目设置专栏进行明细核算。

制造费用

借方	贷方
实际发生的间接费用	期末结转到"生产成本"账户

3．"管理费用"账户

（1）核算内容：核算企业行政管理部门为组织和管理企业的生产经营活动而发生的各项费用。

（2）账户性质：损益类。

（3）账户结构：借方登记企业实际发生各项管理费用；贷方登记月末转入"本年利润"账户。结转后月末无余额。

（4）明细账设置：按照费用项目设置专栏进行明细核算。

管理费用

发生的各项管理费用	月末结转到“本年利润”账户

4. “应付职工薪酬”账户

(1) 核算内容：核算企业为获得职工提供的服务而给予各种形式的报酬以及其他相关支出，包括职工工资、福利费、工会经费、职工教育经费、社会保险、住房公积金等。

(2) 账户性质：负债类。

(3) 账户结构：贷方登记企业本月计算的应付职工薪酬的总额，同时应付的职工薪酬应被作为一项费用按其经济用途分配计入有关的成本、费用账户；借方登记本月实际支付的职工薪酬。期末余额在贷方反映企业应付未付的职工薪酬。

(4) 明细账设置：按照职工薪酬的具体项目设置明细账户如“工资”“职工福利”“社会保险费”“住房公积金”等进行明细分类核算。

应付职工薪酬

实际支付的职工薪酬	月末计算分配的职工薪酬
	期末余额：应付未付的职工薪酬

5. “库存商品”账户

(1) 核算内容：核算企业已生产完工并验收入库产品的增减变动及结存情况。

(2) 账户性质：资产类。

(3) 账户结构：借方登记已经完工入库产品的实际成本；贷方登记发出产品的实际成本。期末余额在借方，表示库存产品的实际成本。

(4) 明细账设置：按照产成品的品种、规格和种类设置明细账户，进行明细核算。

库存商品

完工入库的产品生产成本	发出产成品的生产成本
期末余额：库存产品的生产成本	

（二）主要经济业务的核算

1. 材料费用的归集和分配

企业在生产过程中，必然要消耗材料。完整意义上的材料包括原材料、主要材料和辅助材料等。各部门需要材料时，应该填制有关的领料凭证，向仓库办理手续领料。月末会计部门根据领料凭证按照材料费用发生的不同地点和不同的经济用途分别记入“生产成本”“制造费用”“管理费用”等成本、费用类账户中。

【例 4-12】 甲公司生产 A、B 产品，2016 年 8 月末根据当月领料凭证，编制领料凭证汇总表，如表 4-1 所示。

表 4-1　领料凭证汇总表　　单位：元

用　　途	甲材料	乙材料	金额合计
制造产品领用：			
生产 A 产品耗用	6 000	2 000	8 000
生产 B 产品耗用	5 000	9 000	14 000
小　　计	11 000	11 000	22 000

续表

用　　途	甲材料	乙材料	金额合计
车间一般耗用	3 000	1 000	4 000
行政管理部门耗用	2 000	1 000	3 000
合　　计	16 000	13 000	29 000

分析：领料时，一方面成本、费用增加；另一方面库存材料减少，因此会计分录如下。

借：生产成本——A 产品　　8 000

　　　　　　——B 产品　　14 000

　　制造费用　　4 000

　　管理费用　　3 000

　贷：原材料——甲材料　　16 000

　　　　　　——乙材料　　13 000

2. 职工薪酬的归集和分配

职工为企业劳动，理应从企业获得一定的报酬，也就是企业应向职工支付一定的薪酬。所谓职工薪酬是指企业为获得职工提供的服务而给予各种形式的报酬以及相关支出。包括职工工资、奖金、津贴和补贴、职工福利费、各项保险、住房公积金等。职工薪酬作为企业的一项支出，在实际发生时，根据职工提供服务的收益对象不同，分别记入相关的成本、费用类账户中。

【例 4-13】 8 月 25 日开出现金支票，从银行提取现金 500 000 元，准备发放工资。

分析：当企业提现时，一项资产增加，同时另一项资产减少，此项经济业务涉及"库存现金""银行存款"两个账户。该业务编制会计分录如下。

借：库存现金　　500 000

　贷：银行存款　　500 000

【例 4-14】 8 月 26 日用库存现金发放工资。

分析：当企业发放工资时，一方面企业的资产减少，另一方面企业的负债减少，此项经济业务涉及"应付职工薪酬"和"库存现金"两个账户。该业务编制会计分录如下。

借：应付职工薪酬——工资　　500 000

　贷：库存现金　　500 000

【例 4-15】 8 月 31 日甲公司根据当月的考勤记录和产量记录等，计算职工的工资如表 4-2 所示。

表 4-2　工资汇总表　　单位：元

部　　门	标准工资	奖　　金	金额合计
生产工人工资：			
生产 A 产品的工人工资	150 000	50 000	200 000
生产 B 产品的工人工资	80 000	40 000	120 000
小　　计	230 000	90 000	320 000
车间管理人员工资	80 000	10 000	90 000
行政管理部门人员工资	70 000	20 000	90 000
合　　计	380 000	120 000	500 000

分析：当企业分配工资时，一方面企业的成本、费用增加；另一方面企业的负债增加。该业务编制会计分录如下。

借：生产成本——A 产品　　200 000
　　　　　　——B 产品　　120 000
　　制造费用　　90 000
　　管理费用　　90 000
　贷：应付职工薪酬——工资　　500 000

【例 4-16】 8 月 31 日按工资总额的 14%计提职工福利费。

分析：当企业计提福利费时，一方面企业的成本、费用增加；另一方面企业的负债增加。该业务编制会计分录如下。

借：生产成本——A 产品　　28 000
　　　　　　——B 产品　　16 800
　　制造费用　　12 600
　　管理费用　　12 600
　贷：应付职工薪酬——职工福利　　70 000

3. 制造费用的归集和分配

制造费用是企业为生产产品和提供劳务而发生的各项间接费用，包括车间发生的工资和福利费、折旧费、办公费、水电费、劳动保护费、差旅费、取暖费等。这些费用企业通过按月设置“制造费用”账户将发生的费用归集在一起，月末转入“生产成本”账户。若企业生产多种产品，则选用一定的标准(如生产工人工资、生产工时等)在各种产品之间进行分配。

【例 4-17】 8 月 15 日开出现金支票 5 000 元，购买车间办公用品。

分析：当企业购买办公用品时，一方面企业的费用增加；另一方面企业的资产减少，此项经济业务涉及“制造费用”“银行存款”两个账户。该业务编制会计分录如下。

借：制造费用　　5 000
　贷：银行存款　　5 000

【例 4-18】 8 月 16 日生产车间职工王明预借差旅费 8 000 元。

分析：当预借差旅费时，一项资产增加，同时另一项资产减少，此项经济业务涉及“其他应收款”和“库存现金”两个账户。该业务编制会计分录如下。

借：其他应收款——王明　　8 000
　贷：库存现金　　8 000

【例 4-19】 8 月 22 日生产车间职工王强出差归来，报销差旅费 7 500 元，余款退回。

分析：当报销差旅费时，企业一方面资产、费用增加；另一方面资产减少，该业务编制会计分录如下。

借：制造费用　　7 500
　　库存现金　　500
　贷：其他应收款——王强　　8 000

【例 4-20】 8 月 25 日用银行存款支付本月水电费共计 100 000 元，如表 4-3 所示。(不考虑税费)

表 4-3　水电费汇总表　　单位：元

部　　门	水　　费	电　　费	金额合计
生产部门耗用：			
生产 A 产品耗用	10 000	20 000	30 000
生产 B 产品耗用	15 000	15 000	30 000
小　　计	25 000	35 000	60 000
车间一般耗用	6 000	14 000	20 000
行政管理部门耗用	10 000	10 000	20 000
合　　计	41 000	59 000	100 000

分析：企业支付水电费时，一方面企业的成本、费用增加；另一方面企业的资产减少，该业务编制会计分录如下。

借：生产成本——A 产品　　30 000
　　　　　　——B 产品　　30 000
　　制造费用　　20 000
　　管理费用　　20 000
　贷：银行存款　　100 000

【例 4-21】 8 月 31 日计提本月固定资产折旧，其中车间固定资产折旧额 6 000 元，厂部固定资产折旧额 4 000 元。

分析：当企业计提折旧时，企业的成本、费用增加，该业务编制会计分录如下。

借：制造费用　　6 000
　　管理费用　　4 000
　贷：累计折旧　　10 000

【例 4-22】 8 月 31 日甲公司结转本月发生的制造费用按照生产工时比例分配计入 A、B 产品生产成本。其中 A 产品生产工时 4 000 小时，B 产品生产工时 6 000 小时。

分析：本月发生的制造费用共为 145 100 元，在实际工作中可通过登记“制造费用”明细账归集本月的发生额。

制造费用

借方		贷方
4-12	4 000	
4-15	90 000	
4-16	12 600	
4-17	5 000	
4-19	7 500	
4-20	20 000	
4-21	6 000	
本期发生额：145 100		

编制如表 4-4 所示的制造费用分配表。

表 4-4　制造费用分配表

分配对象	生产工时/小时	分配率/元/小时	分配金额/元
A 产品	4 000		58 040
B 产品	6 000		87 060
合　　计	10 000	14.51	145 100

根据表4-4的分配表,编制制造费用分配的会计分录如下。

借:生产成本——A产品　　58 040

　　　　　——B产品　　87 060

　贷:制造费用　　145 100

4. 完工产品生产成本的计算与结转

产品生产成本是指工业企业为生产一定种类、一定数量的产品所支出的各种生产费用总和。产品生产计算是指将生产过程中发生的、应计入产品成本的生产费用,按照产品品种或类别进行归集和分配从而计算出各种产品的总成本和单位成本。

【例4-23】 甲公司8月31日生产A产品100件,B产品300件全部完工。

A产品和B产品的"生产成本"明细账借方的登记情况如表4-5和表4-6所示。

表4-5 A产品生产成本明细账

产品名称:A产品

2016年		凭证号数	摘　要	借方(成本项目)				贷方	借或贷	余额
月	日			直接材料	直接人工	制造费用	合计			
8	略	略	分配材料费用	8 000			8 000		借	8 000
			分配工人工资		200 000		200 000		借	208 000
			分配工人福利费		28 000		28 000		借	236 000
			分配水电费	30 000			30 000		借	266 000
			分配转入制造费用			58 040	58 040		借	324 040
			结转完工产品成本					324 040	平	0
			本期发生额及余额	38 000	228 000	58 040	324 040	324 040	平	0

表4-6 B产品生产成本明细账

产品名称:B产品

2016年		凭证号数	摘　要	借方(成本项目)				贷方	借或贷	余额
月	日			直接材料	直接人工	制造费用	合计			
8	略	略	分配材料费用	14 000			14 000		借	14 000
			分配工人工资		120 000		120 000		借	134 000
			分配工人福利费		16 800		16 800		借	150 800
			分配水电费	30 000			30 000		借	180 800
			分配转入制造费用			87 060	87 060		借	267 860
			结转完工产品成本					267 860	平	0
			本期发生额及余额	44 000	136 800	87 060	267 860	267 860	平	0

借:库存商品——A产品　　324 040

　　　　　——B产品　　267 860

　贷:生产成本——A产品　　324 040

　　　　　　——B产品　　267 860

第五节 销售过程业务的核算

一、销售过程业务的主要内容

销售过程是产品价值的实现过程。产品制造企业在销售过程中，通过销售产品，按照销售价格收取产品价款，形成产品销售收入，在销售过程中结转的产品销售成本，以及发生的运输、包装、广告等销售费用，按照国家税法的规定计算缴纳的各种销售税金等都应该从销售收入中得到补偿，补偿之后的差额即为企业销售产品的业务成果。企业在销售过程中除了发生销售产品等主营业务外，还可能发生一些其他业务，如销售材料、出租包装物、出租固定资产等。

因此，销售业务核算的内容包括：确认和记录销售收入；计算和收取相关税费；确定并结转销售成本；归集产品销售费用。

二、销售业务的核算

（一）主要账户的设置

1.“主营业务收入”账户

（1）核算内容：用来核算企业在销售商品、提供劳务及让渡资产使用权等日常活动中所产生的收入。核算企业进行工业性生产，包括生产各种产品（如产成品、自制半成品等）、自制材料、自制工具、自制设备等发生的各项生产费用。

（2）账户性质：损益类。

（3）账户结构：该账户贷方登记企业销售商品（包括产成品、自制半成品等）或让渡资产使用权所实现的收入；借方登记发生的销售退回和转入“本年利润”账户的收入，期末将本账户的余额结转后，该账户应无余额。

（4）明细账设置：按产品品种或类别设置明细账户，进行明细分类核算。

主营业务收入

期末转入“本年利润”	本期实现的销售收入

2.“其他业务收入”账户

（1）核算内容：用来核算企业其他业务所取得的收入。

（2）账户性质：损益类。

（3）账户结构：该账户贷方登记企业获得的其他业务收入；借方登记期末结转到“本年利润”账户的已实现的其他业务收入，结转以后该账户应无余额。

其他业务收入

期末转入“本年利润”	其他业务收入的实现

3.“应收账款”账户

（1）核算内容：用来核算企业因销售商品、产品、提供劳务等，应向购货单位或接受劳务单位收取的款项。不单独设置“预收账款”账户的企业，预收的账款也在本账户核算。

（2）账户性质：资产类。

（3）账户结构：该账户借方登记经营收入发生的应收款和已转作坏账损失又收回的应收款，以及代购货单位垫付的包装、运杂费等。贷方登记实际收到的应收款项和企业将应收款改用商业汇票结算而收到承兑的商业汇票，以及转作坏账损失的应收账款。月末借方余额表示应收但尚未收回的款项。

（4）明细账设置：按照购货单位设置明细账。

应收账款

销售产品引发的应收款项	已经收回的应收款项
期末余额：尚未收回的款项	

4. “应收票据”账户

（1）核算内容：用来核算企业因销售产品等而收到的商业汇票。

（2）账户性质：资产类。

（3）账户结构：该账户借方登记企业收到的应收票据；贷方登记票据到期收回的票面金额和持未到期票据向银行贴现的票面金额；月末借方余额表示尚未到期的应收票据金额。

应收票据

收到的商业汇票	到期或贴现的票据
期末余额：尚未收回的票据	

5. “预收账款”账户

（1）核算内容：用来核算企业按照合同规定向购货单位预收的款项。

（2）账户性质：负债类。

（3）账户结构：该账户的贷方登记预收购货单位的款项和购货单位补付的款项；借方登记向购货单位发出商品销售实现的货款和退回多付的款项。该账户月末余额一般在贷方，表示预收购货单位的款项。

（4）明细账设置：按照购货单位设置明细账。

预收账款

预收货款的减少	预收账款的增加
	期末余额：预收的结余

6. “主营业务成本”账户

（1）核算内容：用来核算企业因销售商品、提供劳务或让渡资产使用权等日常活动而发生的实际成本。

（2）账户性质：损益类。

（3）账户结构：该账户的借方登记已售商品、提供的各种劳务等的实际成本；贷方登记当月发生销售退回的商品成本和期末转入“本年利润”账户的当期销售产品成本，期末结转后该账户应无余额。

（4）明细账设置：按照产品的品种、类别设置明细账。

主营业务成本

转入本期已销产品的生产成本数额	转入“本年利润”

7. "其他业务成本"账户

(1) 核算内容：用来核算企业其他业务所发生的各项支出。包括为获得其他业务收入而发生的相关成本、费用等。

(2) 账户性质：损益类。

(3) 账户结构：该账户的借方登记其他业务所发生的各项支出；贷方登记期末结转"本年利润"账户的其他业务支出，结转后该账户应无余额。

其他业务成本

本期其他业务成本的发生	期末转入"本年利润"

8. "营业税金及附加"账户

(1) 核算内容：用来核算企业日常活动应负担的税金及附加。包括营业税、消费税、城市维护建设税、资源税、土地增值税和教育费附加等。

(2) 账户性质：损益类。

(3) 账户结构：该账户借方登记按照规定计算应由主营业务负担的税金及附加；贷方登记企业收到的先征后返的消费税、营业税等原记入本科目的各种税金，以及期末转入"本年利润"账户中的主营业务税金及附加。期末结转后本账户应无余额。

营业税金及附加

本期应当计算的税金及附加	期末转入"本年利润"

9. "销售费用"账户

(1) 核算内容：用来核算企业在销售商品过程中发生的费用，包括运输费、装卸费、包装费、保险费、展览费和广告费，以及为销售本企业商品而专设的销售机构(含销售网点、售后服务网点等)的职工工资及福利费、类似工资性质的费用、业务费等经营费用。

(2) 账户性质：损益类。

(3) 账户结构：该账户的借方登记发生的各种销售费用；贷方登记转入"本年利润"账户的营业费用；期末结转后该账户无余额。

销售费用

本期发生的各项销售费用	期末转入"本年利润"

(二) 主要经济业务的核算

1. 销售业务的核算

2016 年 8 月，甲公司发生以下业务。

【例 4-24】 8 月 20 日销售给宏达公司产品一批，增值税专用发票上注明售价 200 000 元，增值税税额 34 000 元，款项尚未收到。

分析：当企业销售产品时，一方面企业的资产的增加；另一方面企业的收入也增加，该业务涉及"应收账款""主营业务收入"等账户，编制会计分录如下。

借：应收账款——宏达公司　　234 000

　贷：主营业务收入　　200 000

　　　应交税费——应交增值税(销项税额)　　34 000

【例 4-25】 8 月 22 日销售给诚信公司产品一批，增值税专用发票上注明售价 100 000 元，增值税税额 17 000 元，对方以银行承兑汇票结算。

分析：当企业销售产品时，一方面企业的资产的增加；另一方面企业的收入也增加，该业务涉及"应收票据""主营业务收入"账户，编制会计分录如下。

借：应收票据——诚信公司　　117 000
　贷：主营业务收入　　100 000
　　应交税费——应交增值税(销项税额)　　17 000

【例 4-26】 8 月 22 日收到宏达公司所欠购货款，已存入银行。

分析：当企业收到货款时，一方面企业的资产的增加；另一方面企业的资产的减少，该业务涉及"应收账款""银行存款"账户，编制会计分录如下。

借：银行存款　　234 000
　贷：应收账款——宏达公司　　234 000

【例 4-27】 8 月 22 日收到广信公司预付的购货款 60 000 元，已存入银行。

分析：当企业收到预付购货款时，一方面企业的负债增加；另一方面企业的资产增加，该业务涉及"预收账款""银行存款"账户，编制会计分录如下。

借：银行存款　　60 000
　贷：预收账款——广信公司　　60 000

【例 4-28】 8 月 25 日给广信公司发出货物，并开出增值税专用发票，专票注明售价 70 000 元，增值税税额 11 900 元。

分析：当企业发出货物时，一方面企业的收入实现；另一方面企业的负债减少，编制会计分录如下。

借：预收账款——广信公司　　81 900
　贷：主营业务收入　　70 000
　　应交税费——应交增值税(销项税额)　　11 900

【例 4-29】 8 月 25 日收到广信公司开来的转账支票补付所欠购货款。

分析：当企业收到货款时，一方面企业的资产增加；另一方面企业的负债增加，编制会计分录如下。

借：银行存款　　21 900
　贷：预收账款——广信公司　　21 900

【例 4-30】 8 月 25 日开出转账支票广告费 55 000 元。

分析：当企业支付广告费时，一方面企业费用的增加；另一方面企业的资产的减少，编制会计分录如下。

借：销售费用　　55 000
　贷：银行存款　　55 000

【例 4-31】 8 月 31 日结转本月已销产品销售成本。A 产品的销售成本为 100 000 元；B 产品的销售成本为 50 000 元。

借：主营业务成本——A 产品　　100 000
　　　　　　——B 产品　　50 000
　贷：库存商品——A 产品　　100 000
　　　　　——B 产品　　50 000

【例 4-32】 8 月 31 日计提本月应交城市维护建设税(税率 7%)和教育费附加(征收率 3%)。

应交城市维护建设税=(增值税+消费税+营业税)×适用税率
=51 851×7%=3 629.5(元)

应交教育费附加=(增值税+消费税+营业税)×征收率
=51 851×3%=1 555.5(元)

借:营业税金及附加　　5 185
　贷:应交税费——应交城市维护建设税　　3 629.50
　　　　　　——应交教育费附加　　1 555.50

知识链接

城市维护建设税、教育费附加

城市维护建设税是对从事工商经营,缴纳增值税、消费税、营业税的单位和个人征收的一种税。城市维护建设税实行地区差别比例税率,按照纳税人所在地的不同,税率分别规定为 7%、5%、1% 3 个档次。

教育费附加是以单位和个人缴纳的增值税、消费税、营业税税额为计算依据征收的一种附加费。教育费附加名义上是一种专项资金,但实质上具有税的性质。教育费附加比率为 3%。

2. 其他业务的核算

【例 4-33】 甲公司 8 月 20 日销售一批不需用的甲材料一批,价款 15 000 元,增值税2 550 元,款项已收到存入银行。该批材料的实际成本为 9 000 元。

分析:当企业销售材料,使其他业务收入增加,应计入“其他业务收入”,编制会计分录如下。

借:银行存款　　17 550
　贷:其他业务收入　　15 000
　　　应交税费——应交增值税(销项税额)　　2 550

同时,结转成本。

借:其他业务成本　　9 000
　贷:原材料——甲材料　　9 000

第六节 财务成果的形成和利润分配的核算

一、财务成果过程业务的主要内容

所谓财务成果是指企业在一定会计期间所实现的最终经营成果,也就是企业所实现的利润或亏损总额。

企业作为一个独立的经济实体,其经营活动的主要目的就是要不断地提高企业的盈利水平,增强企业的获利能力。利润就是一个反映企业获利能力的综合指标,利润水平的高低不仅反映企业的盈利水平,而且还反映企业向整个社会所做贡献的大小,同时还是各有关方面对本企业进行财务预测和投资决策的重要依据。

利润的构成包括营业利润、利润总额和净利润。

1. 营业利润

营业利润＝营业收入－营业成本－营业税金及附加－期间费用－资产减值损失
＋公允价值变动收益（－公允价值变动损失）＋投资收益（－投资损失）

其中：

营业收入是指企业经营业务所确认的收入总额，包括主营业务收入和其他业务收入。

营业成本是指企业经营业务与所发生的实际成本总额，包括主营业务成本和其他业务成本。

资产减值损失是指企业计提各项资产减值准备所形成的损失。

投资收益（投资损失）是指企业以各种方式对外投资所取得的收益（或发生的投资损失）。

2. 利润总额

利润总额＝营业利润＋营业外收入－营业外支出

其中：

营业外收入是指企业发生的与其生产经营活动无直接关系的各项收入。营业外收入包括固定资产盘盈、处置固定资产净收益、处置无形资产净收益、罚款净收入、捐赠利得等。

营业外支出是指企业发生的与其生产经营活动无直接关系的各项支出。营业外支出包括盘亏损失、处置固定资产净损失、处置无形资产净损失、罚款支出、公益性捐赠支出、非常损失等。

3. 净利润

净利润＝利润总额－所得税费用

其中：

所得税费用是指企业应计入当期损益的所得税费用。它是企业按照税法规定，就其生产经营所得和其他所得计算并缴纳的一种税金。

二、财务成果的核算

（一）主要账户的设置

1. “投资收益”账户

（1）核算内容：用来核算企业对外投资所获得收益的实现或损失的发生及其结转情况。

（2）账户性质：损益类。

（3）账户结构：贷方登记实现的投资收益和期末转入“本年利润”账户的投资净损失，借方登记发生的投资损失和期末转入“本年利润”账户的投资净收益。结转后期末无余额。

（4）明细账设置：按照投资的种类设置明细账户，进行明细分类核算。

投资收益

本期发生的投资损失 期末转入“本年利润”的投资净收益	本期实现的投资收益 期末转入“本年利润”的投资净损失

2. “营业外收入”账户

（1）核算内容：用来核算企业各项营业外收入的实现及其结转情况。

（2）账户性质：损益类。

(3) 账户结构：贷方登记营业外收入的实现即营业外收入的增加，借方登记期末转入“本年利润”账户的营业外收入额；结转后期末无余额。

(4) 明细账设置：按照收入的具体项目设置明细账户，进行明细分类核算。

营业外收入

期末转入“本年利润”	本期实现的营业外收入

3. “营业外支出”账户

(1) 核算内容：用来核算企业各项营业外支出的发生及其转销情况。

(2) 账户性质：损益类。

(3) 账户结构：借方登记营业外支出的发生，及营业外支出的增加；贷方登记期末转入“本年利润”账户的营业外支出额；结转后期末无余额。

(4) 明细账设置：按照支出的具体项目设置明细账户，进行明细分类核算。

营业外支出

本期发生的营业外支出	期末转入“本年利润”

4. “本年利润”账户

(1) 核算内容：用来核算企业实现的净利润(或发生的净亏损)。

(2) 账户性质：所有者权益类。

(3) 账户结构：贷方登记转入的“主营业务收入”“其他业务收入”“营业外收入”等账户的贷方金额，借方登记转入的“主营业务成本”“其他业务成本”“营业税金及附加”“管理费用”“销售费用”“财务费用”“营业外支出”“所得税费用”等账户借方金额；结转后的贷方余额为本年的净利润，借方余额为本年发生净亏损。

本年利润

期末转入的各项费用： 主营业务成本 营业税金及附加 其他业务成本 管理费用 财务费用 销售费用 资产减值损失 投资净损失 营业外支出 所得税费用	期末转入的各项收入： 主营业务收入 其他业务收入 投资净收益 营业外收入
期末余额：累计亏损	期末余额：累计净利润

知识链接

本年利润结转的方法

企业发生的损益应当结转本年利润，以便计算当期实现的盈利和发生的亏损。本年利润的结转有两种方法：账结法和表结法。

账结法要求每月月末将当期发生的损益结转本年利润，结转后，当期损益类账户均无余额，“本年利润”账户月末余额表示截至当月企业本年度累计实现的盈利和发生的亏损。

表结法要求每月月末损益类账户不做结转，损益类账户的月末余额表示截至当月企业累计发生的损益，年末，将全年发生的损益一次性结转本年利润。

两种方法各有利弊，相比之下账结法便于期末账表核对。

5. “所得税费用”账户

(1) 核算内容：用来核算和监督企业所得税费用情况。

(2) 账户性质：损益类(费用)。

(3) 账户结构：借方登记本期所得税发生数额，贷方登记期末转入“本年利润”的数额；结转后该账户无余额。

所得税费用

计算出的所得税费用	期末转入“本年利润”

6. “利润分配”账户

(1) 核算内容：用来核算企业一定时期内净利润的分配或亏损的弥补以及历年结存未分配利润(或为弥补亏损)情况。

(2) 账户性质：所有者权益类。

(3) 账户结构：借方登记实际分配的利润额；贷方登记用盈余公积金弥补的亏损额等其他转入数及年末从“本年利润”账户转入的全年实现的净利润额。年内期末余额如果在借方，表示已分配的利润额，年末余额如果在借方，表示未弥补的亏损额；期末余额如果在贷方，表示未分配利润额。

(4) 明细账设置：“提取法定盈余公积”“提取任意盈余公积”“未分配利润”等。

利润分配

净利润的分配	年末由“本年利润”转入的净利润
期末余额：未弥补的亏损额	期末余额：尚未分配的净利润

7. “盈余公积”账户

(1) 核算内容：用来核算企业从税后利润中提取的盈余公积金，包括法定盈余公积、任意盈余公积的增减变动及其结余情况。

(2) 账户性质：所有者权益类。

(3) 账户结构：贷方登记提取的盈余公积金，即盈余公积金的增加，借方登记实际使用的盈余公积金，及盈余公积金的减少。期末余额在贷方，表示结余的盈余公积金。

(4) 明细账设置：“法定盈余公积”“任意盈余公积”。

盈余公积

盈余公积的转出	从净利润中提取的盈余公积金
	期末余额：盈余公积累计结余

8. “应付股利”账户

(1) 核算内容：用来核算企业按照股东大会或类似权力机构决议分配给投资人股利(现金股利)或利润的增减变动及其结余情况。

(2) 账户性质：负债类。

(3) 账户结构：贷方登记应付给投资人股利(现金股利)或利润的增加；借方登记实际支付给投资人的股利(现金股利)或利润，即应付股利的减少。期末余额在贷方，表示尚未支付的股利(现金股利)或利润。

应付股利

实际支付的利润或股利	应付未付的利润或股利
	期末余额：尚未支付的利润或股利

(二) 主要经济业务的核算

1. 财务成果的核算

【例 4-34】 甲公司 8 月 25 日从其他单位分得投资利润 50 000 元，款项已收到存入银行。

借：银行存款　　50 000
　贷：投资收益　　50 000

【例 4-35】 甲公司 8 月 9 日收到外单位合同违约金罚款 2 000 元。

借：库存现金　　2 000
　贷：营业外收入　　2 000

【例 4-36】 甲公司 8 月 23 日用现金交纳税收滞纳金和罚款 1 500 元。

借：营业外支出　　1 500
　贷：库存现金　　1 500

【例 4-37】 根据上述有关资料，将甲公司 8 月份实现的利润进行结转。

① 期末，把所有收入类账户的贷方发生额结转到"本年利润"账户。

主营业务收入

	4-24　200 000 4-25　100 000 4-28　70 000
	本期发生额：370 000

其他业务收入

	4-33　15 000
	本期发生额：15 000

营业外收入

	4-35　2 000
	本期发生额：2 000

投资收益

	4-34　50 000
	本期发生额：50 000

借：主营业务收入　　370 000
　　其他业务收入　　15 000
　　营业外收入　　2 000
　　投资收益　　50 000
　贷：本年利润　　437 000

② 期末，把各成本、费用、支出类账户的借方发生额结转到"本年利润"账户。

主营业务成本

4-31　150 000	
本期发生额：150 000	

其他业务成本

4-33　9 000	
本期发生额：9 000	

营业税金及附加

借方	贷方
4-33　5 185	
本期发生额：5 185	

财务费用

借方	贷方
4-4　5 000	
本期发生额：5 000	

管理费用

借方	贷方
4-12　3 000 4-15　90 000 4-16　12 600 4-20　20 000 4-21　4 000	
本期发生额：129 600	

销售费用

借方	贷方
4-30　55 000	
本期发生额：55 000	

营业外支出

借方	贷方
4-36　1 500	
本期发生额：1 500	

借：本年利润　　　　355 285
　贷：主营业务成本　　　　150 000
　　其他业务成本　　　　9 000
　　营业税金及附加　　　　5 185
　　销售费用　　　　55 000
　　财务费用　　　　5 000
　　管理费用　　　　129 600
　　营业外支出　　　　1 500

③ 所得税的计算。所得税是企业按照国家税法的有关规定，对企业实现的经营所得和其他所得，按照规定的所得税税率计算缴纳的一种税款。目前我国所得税税率一般为25%。应当明确的是，应纳税所得额与会计所得是两个不同的概念。会计所得是由企业计算得出的税前会计利润，应纳税所得额是根据税法规定的收入和准予扣除的项目计算得出的企业应纳税所得，即应税利润。在此，为简化起见，假定二者是一致的，即不考虑纳税调整。

计算所得税公式为

应纳所得税税额＝应纳税所得额×所得税税率

【例 4-38】 8 月 31 日，计算并结转本月所得税，所得税税率为 25%。

本月利润总额＝437 000－355 285＝81 715(元)

本月应纳所得税税额＝81 715×25%＝20 428.75(元)

会计分录如下。

① 计提所得税

借：所得税费用　　　　20 428.75
　贷：应交税费——应交所得税　　　　20 428.75

② 结转到本年利润

借：本年利润　　　　20 428.75
　贷：所得税费用　　　　20 428.75

2. 利润分配的核算

(1) 利润分配的顺序

企业的税后净利润,按照国家有关规定,应按照下列顺序分配。

① 弥补以前年度尚未弥补的亏损。

② 提取法定盈余公积。公司法规定,企业应按净利润的10%提取法定盈余公积,作为企业的发展和后备基金。公司制企业还可以按照股东大会的决议提取任意盈余公积。任意盈余公积的用途与法定盈余公积的相同。

③ 向投资者分配利润(或股利)。企业本年实现的净利润在扣除上述项目后,再加上年初未分配利润,形成可供投资者分配利润。可供投资者分配的利润再经过分配后的剩余部分即为未分配利润。未分配利润可留待以后年度进行分配。企业未分配利润应当在资产负债表的所有者权益项目单独反映。

(2) 利润分配的账务处理

【例 4-39】 2015 年甲公司实现净利润 200 000 元,12 月 31 日按全年净利润的 10%提取法定盈余公积。

本年应提取的法定盈余公积=200 000×10%=20 000(元)

借:利润分配——提取法定盈余公积　　　20 000

　贷:盈余公积——法定盈余公积　　　　　　20 000

【例 4-40】 2015 年 12 月 31 日,根据公司章程,向投资者分配现金股利 50 000 元。

借:利润分配——应付股利　　　50 000

　贷:应付股利　　　　　　　　　　50 000

【例 4-41】 2015 年 12 月 31 日,将“本年利润”结转到“利润分配”账户。

借:本年利润　　　200 000

　贷:利润分配——未分配利润　　　　200 000

【例 4-42】 年终结转利润分配所属其他明细科目余额。

借:利润分配——未分配利润　　　70 000

　贷:利润分配——提取法定盈余公积　　　20 000

　　　　　　——应付股利　　　　　　　　50 000

本章小结

通过本章的学习,系统掌握以下知识点。

本章内容	相关知识点	
资金循环	企业的资金运动表现为资金投入、资金运用和资金退出 3 个过程 资金的运用分为供应、生产、销售 3 个阶段	
资金筹集	筹资途径	接受投资人投入(权益资金)、向债权人借入(负债资金)
	账户设置	实收资本、资本公积、短期借款、长期借款
	账务处理	1. 接受投资人投入,借记:银行存款、固定资产等,贷记:实收资本、资本公积
		2. 向银行借款,借记:银行存款,贷记:短期借款、长期借款

续表

本章内容	相关知识点	
供应过程	确定成本	采购成本＝买价＋采购费用＋相关税费等
	账户设置	在途物资、原材料、应付账款、预付账款、应付票据、应交税费
	账务处理	1. 采购材料，借记：在途物资、应交税费——应交增值税（进项税额），贷记：银行存款、应付账款、应付票据、预付账款等
		2. 材料验收入库，借记：原材料，贷记：在途物资
		3. 支付所欠购料款，借记：应付账款等，贷记：银行存款
生产过程	成本构成	制造成本法下，产品成本＝直接材料＋直接人工＋制造费用
	账户设置	生产成本、制造费用、应付职工薪酬、库存商品
	账务处理	1. 归集材料费用，借记：生产成本、制造费用等，贷记：原材料等
		2. 归集人工费用，借记：生产成本、制造费用等，贷记：应付职工薪酬
		3. 归集制造费用，借记：制造费用，贷记：原材料、应付职工薪酬、累计折旧等
		4. 分配制造费用，借记：生产成本，贷记：制造费用
		5. 产品完工入库，借记：库存商品，贷记：生产成本
销售过程	说明	销售收入为不含增值税的价款
	账户设置	主营业务收入、主营业务成本、其他业务收入、其他业务成本、销售费用、营业税金及附加、应收账款、应收票据、预收账款
	账务处理	1. 销售确认收入，借记：银行存款、应收账款等，贷记：主营业务收入、其他业务收入、应交税费——应交增值税（销项税额）
		2. 结转已售成本，借记：主营业务成本、其他业务成本，贷记：库存商品、原材料
		3. 核算销售税费，借记：销售费用，贷记：银行存款 借记：营业税金及附加，贷记：应交税费
财务成果	内容	财务成果的核算包括利润形成与利润分配
	利润指标	营业利润、利润总额、净利润
	账户设置	本年利润、所得税费用、利润分配、盈余公积
	账务处理	1. 利润形成（结转损益），借记：主营业务收入、其他业务收入等，贷记：本年利润 借记：本年利润，贷记：主营业务成本、其他业务成本等
		2. 所得税的核算：计算所得税（借记：所得税费用，贷记：应交税费） 结转所得税（借记：本年利润，贷记：所得税费用） 上交所得税（借记：应交税费，贷记：银行存款）
		3. 结转本年利润，借记：本年利润，贷记：利润分配
		4. 利润分配，借记：利润分配，贷记：盈余公积、应付股利

第五章

会 计 凭 证

学习目标

了解会计凭证的概念及种类；熟悉原始凭证和记账凭证的基本内容；掌握原始凭证和记账凭证的填制和审核方法；理解会计凭证的传递和保管。

重点掌握记账凭证的填制。

第一节 会计凭证概述

一、会计凭证的概念

会计凭证是记录经济业务发生或完成情况的书面证明，是登记账簿的依据。任何一个企业的经济活动都是由具体的经济业务组成的，为了完整、真实地反映各种经济业务的实际发生情况，每一项经济业务都必须由有关的责任人员取得或填制会计凭证，以证明该项经济业务的发生或完成情况。

二、会计凭证的意义

会计凭证在会计核算和经济管理工作中发挥着非常重要的作用。具体表现在以下几方面。

（一）会计凭证是登记账簿的依据

会计凭证是登记账簿的依据，登记账簿必须以审核无误的会计凭证为依据，这样才能保证账簿记录的真实和正确，保证会计信息质量，防止主观随意性和弄虚作假等行为的发生。

（二）会计凭证是审核经济业务的依据

通过会计凭证的审核，可以检查各项经济业务的发生是否符合有关的财经法规、会计准则，是否符合业务经营、账务收支的方针和计划及预算的规定，从而发挥会计的监督作用，保护会计主体所拥有资产的安全完整，维护投资者、债权人和有关各方的利益。

（三）会计凭证是加强经济责任的重要手段

会计凭证记录了每项经济业务的内容，要求有关的经办人员对经济活动的真实性、合法性负责。这无疑会增强有关人员的责任感，促使其严格按照有关政策、法规、准则办事。如果发生违法乱纪或经济纠纷事件，也可借助会计凭证确定经办人员所负的责任，并据以进行正确的处理，从而加强经营管理的岗位责任制。

三、会计凭证的种类

企业发生的经济业务内容非常复杂丰富，用以记录、监督经济业务的会计凭证，也是五花八门、名目繁多。为了具体地认识、掌握和运用会计凭证，首先要对会计凭证加以分类。按照会计凭证的填制程序和用途，一般可以分为原始凭证和记账凭证。

（一）原始凭证

原始凭证又称单据，是记录经济业务发生或完成，用以明确经济责任，作为记账依据的书面证明文件。如出差的车船票、采购材料的增值税专用发票、到仓库领料的领料单等。原始凭证是在经济业务发生的过程中直接产生的，是经济业务发生的最初证明，在法律上具有证明效力。

（二）记账凭证

记账凭证又称记账凭单，是会计人员根据审核无误的原始凭证或汇总原始凭证填制的，用来确定经济业务应借、应贷的会计科目和金额，作为登记账簿直接依据的会计凭证。

企业发生经济业务要编制会计分录，然后据以登记账簿，在实际工作中，会计分录是通过填制记账凭证来完成的。记账凭证将原始凭证中的经济信息转化为会计语言，是介于原始凭证和会计账簿的中间环节。

四、会计凭证之间的关系

原始凭证与记账凭证之间存在着密切的联系。原始凭证是记账凭证的基础，记账凭证是根据原始凭证编制的。在实际工作中，原始凭证作为记账凭证的附件，要附在记账凭证后面；记账凭证是对原始凭证内容的概括和说明。

记账凭证和原始凭证同属于会计凭证，但二者存在着以下差别。

(1) 原始凭证是由经办人员填制的；记账凭证一律由会计人员填制。

(2) 原始凭证是根据发生或完成的经济业务填制；记账凭证是根据审核后的原始凭证或原始凭证汇总表填制。

(3) 原始凭证仅用以记录、证明经济业务已经发生或完成；记账凭证要依据会计科目对已经发生或完成的经济业务进行归类、整理。

(4) 原始凭证是填制记账凭证的直接依据，记账凭证是登记账簿的直接依据。

第二节 原始凭证

一、原始凭证的分类

（一）按取得的来源分类

原始凭证按其取得的来源不同，可以分为自制原始凭证和外来原始凭证。

1. 自制原始凭证

自制原始凭证是指在经济业务发生或完成时，由本单位的经办人员自行填制的原始凭证，如收料单、产品入库单、固定资产折旧计算表等。单位内部使用的领料单、报销单如表 5-1 和表 5-2 所示。

表 5-1 领 料 单

领料部门： 发料仓库：

年 月 日 编号：

编号	材料名称	规格	计量单位	请领数量	实发数量	单价	金额

仓库主管： 领料： 发料： 制单：

表 5-2 报 销 单

年 月 日

开 支 内 容			
报 销 金 额	（大写）		（小写）￥
经办人		财务负责人	
部门负责人		总经理	
备注			

附件 张

会计： 审核： 出纳：

2. 外来原始凭证

外来原始凭证是指在经济业务发生或完成时，从外单位或个人直接取得的原始凭证。如企业购买材料取得的增值税专用发票、职工出差报销的火车票等。增值税专用发票如表 5-3 所示。

表 5-3 ××省增值税专用发票 No 0014856

记 账 联 开票日期： 年 月 日

购货单位	名 称： 纳税人识别号： 地 址 、电 话： 开户行及账号：				密码区	247389<<67+82649−6248<>加密版本：0 *48921*9078+>>7968+8*4 35641 583<<+*62655685 4650072		
货物或应税劳务名称		规格型号	单位	数量	单价	金额	税率	税额
合 计								
价税合计（大写）								（小写）
销货单位	名 称： 纳税人识别号： 地 址 、电 话： 开户行及账号：				备注			

第一联：记账联 销货方记账凭证

收款人： 复核： 开票人： 销货单位：（章）

（二）按填制的手续和内容分类

原始凭证按其填制手续和内容不同，可分为一次凭证、累计凭证、汇总原始凭证。

1. 一次凭证

一次凭证是指反映一项经济业务或若干同类经济业务，一次填制完成且仅一次有效的原始凭证。通常绝大多数的原始凭证都是一次凭证，如收料单、领料单、收款收据、餐饮发票等。

2. 累计凭证

累计凭证是指在一定时期内多次记录发生的同类经济业务且多次有效的原始凭证。累计凭证的特点是在一张凭证内可以连续登记同类经济业务，随时结出累计数和结余数，直到期末，凭证填制手续才算完成，并以期末累计数作为记账依据。主要适用于大量重复而发生的经济业务。工业企业常用的限额领料单就是累计凭证。使用累计凭证，可以简化核算手续，能对材料消耗、成本管理起事先控制作用，是企业进行计划管理的手段之一。限额领料单格式如表 5-4 所示。

表 5-4　限 额 领 料 单

领料部门：生产车间　　编号：M910

用　　途：生产甲产品　　2016 年 11 月　　发料仓库：3 库

材料名称及规格		计量单位	单价	全月领用限额		全 月 实 领	
						数　量	金　额
黑色金属 8303		千克	34.00	1 000		980	33 320.00
领料日期		请领数	实发数	累计数	结余数	领料人	发料人
11 月	1 日	400	400	400	600	李晓明	赵华
	15 日	300	300	700	300	李晓明	赵华
	25 日	280	280	980	20	李晓明	赵华

仓库主管：杨光　　材料主管：张晓友　　审核：马杰　　制单：赵华

3. 汇总原始凭证

在会计核算工作中，为简化记账凭证的编制工作，通常会将许多性质相同的原始凭证，定期加以整理、归集和汇总编制成汇总原始凭证。汇总原始凭证又称原始凭证汇总表，是指将一定时期内反映同类经济业务的若干原始凭证按照一定的标准综合填制的原始凭证。汇总原始凭证合并了同类型经济业务，简化了记账的工作。如“发料凭证汇总表”“工资汇总表”等。发料凭证汇总表如表 5-5 所示。

表 5-5　发料凭证汇总表

年　　月　　金额单位：元

借方科目 材料类别	生产成本	制造费用	管理费用	合　计
原料及主要材料				
辅助材料				
燃　料				
合　计				

会计主管：　　复核：　　保管：

（三）按格式不同分类

原始凭证按照格式不同，可分为通用凭证和专用凭证。

1. 通用凭证

通用凭证是指由有关部门统一印制、在一定范围内使用的具有统一格式和使用方法的原始凭证。通用凭证的适用范围因制作部门的不同而有所差别，可以是分地区、分行业使用，也可以是全国通用，如某省(市)印制的在该省(市)通用的发票、收据等；由中国人民银行制作的全国通用的银行转账结算凭证；由国家税务局统一印制的全国通用的增值税专用发票等。中国工商银行进账单如表 5-6 所示。

表 5-6　中国工商银行进账单（收账通知）3

年　月　日

<table>
<tr><td rowspan="3">出票人</td><td>全　称</td><td colspan="2"></td><td rowspan="3">收款人</td><td>全　称</td><td colspan="9"></td></tr>
<tr><td>账　号</td><td colspan="2"></td><td>账　号</td><td colspan="9"></td></tr>
<tr><td>开户银行</td><td colspan="2"></td><td>开户银行</td><td colspan="9"></td></tr>
<tr><td colspan="6" rowspan="2">人 民 币(大写)</td><td>百</td><td>十</td><td>万</td><td>千</td><td>百</td><td>十</td><td>元</td><td>角</td><td>分</td></tr>
<tr><td></td><td></td><td></td><td></td><td></td><td></td><td></td><td></td><td></td></tr>
<tr><td colspan="2">票据种类</td><td>票据张数</td><td></td><td colspan="11" rowspan="3">收款人开户行盖章</td></tr>
<tr><td colspan="2">票据号码</td><td></td><td></td></tr>
<tr><td colspan="2">复核</td><td colspan="2">记账</td></tr>
</table>

此联是收款人开户行给收款人的收账通知

2. 专用凭证

专用凭证是指由单位自行印制、仅在本单位内部使用的原始凭证，如差旅费报销单、固定资产折旧计算表和领料单等。固定资产折旧计算表如表 5-7 所示。

表 5-7　固定资产折旧计算表

年　　月　　日　　　　　　　　　　　　金额单位：元

使用部门及固定资产类别		月初应计提折旧固定资产原值	月折旧率	月折旧额	本月增、减固定资产原值	本月应计提折旧额
合　计						

制表：　　　　　　　　　　　　审核：

二、原始凭证的基本内容

由于各种经济业务的内容和经营管理的要求不同，原始凭证的名称、格式和内容也是多种多样的。但无论哪种原始凭证，都应当具备以下基本内容。

(1) 原始凭证的名称和编号。

(2) 填制原始凭证的日期。

(3) 填制原始凭证单位名称或者填制人姓名。

(4) 经办人员的签名或者盖章。

(5) 接受原始凭证单位名称。

(6) 经济业务内容。

(7) 数量、单价和金额。

三、原始凭证的填制要求

（一）记录真实

原始凭证所填列经济业务的内容和数字，必须真实可靠、数字准确，符合实际情况。记录真实就是要求实事求是的填写经济业务，不得歪曲事实、弄虚作假。

（二）内容完整

原始凭证所要求填列的项目必须逐项填列齐全，不得遗漏或省略。原始凭证中的日期要按照实际日期填写，名称要齐全，不能简化。

（三）手续完备

从外单位取得的原始凭证，必须盖有填制单位的公章；从个人取得的原始凭证，必须有填制人员的签名或盖章。自制原始凭证必须有经办单位负责人或者其指定的人员签名或盖章。对外开出的原始凭证，必须加盖本单位公章。

（四）书写清楚、规范

原始凭证要按规定填写，文字要简明，字迹要清楚，易于辨认。凡填有大小写金额的原始凭证，大小写金额必须相符且填写规范，小写金额用阿拉伯数字逐个书写，不得写连笔字。在金额前要填写人民币符号“￥”，且与阿拉伯数字之间不得留有空白。金额数字一律写到角分，无角分的写“00”或符号“—”；有角分的，分位写“0”，不得用符号“—”。大写金额用汉字壹、贰、叁、肆、伍、陆、柒、捌、玖、拾、佰、仟、万、亿、元、角、分、零、整等，一律用正楷或行书书写。大写金额前未印有“人民币”字样的，应加写“人民币”3 个字，且与大写金额之间不得留有空白。大写金额到元或角为止的，后面要写“整”字，有分的不写“整”字。如小写金额为￥1 350.50，大写金额应写成“人民币壹仟叁佰伍拾元伍角整”。

（五）编号连续

各种凭证要连续编号，以便检查。如果原始凭证已预先印制编号，如发票、支票等重要凭证，在因错作废时，应当加盖“作废”戳记，连同存根一起妥善保管，不得任意撕毁。

（六）不得涂改、刮擦、挖补

原始凭证有错误的，应当由出具单位重开或更正，更正处应当加盖出具单位印章。原始凭证金额有错误的，应当由出具单位重开，不得在原始凭证上更正。向银行提供的各种原始凭证，文字、数字一律不许更正。

（七）填制及时

各种原始凭证一定要及时填写。每笔经济业务发生或完成时，经办人员应及时取得或填制原始凭证，并按规定的程序及时送交会计部门审核、记账，不能提前，也不能事后补制。

四、原始凭证的审核方法

为了保证原始凭证所记录经济业务的真实性、合法性、完整性，充分发挥会计的监督职能，会计人员必须对原始凭证进行严格审核。审核原始凭证是会计机构、会计人员的法定职责，是实施会计监督的重要形式。

（一）原始凭证的审核内容

原始凭证在审核时，应主要从以下几个方面进行。

1. 真实性

审核原始凭证内容是否符合经济业务发生的真实情况，有无弄虚作假、营私舞弊、伪造和涂改原始凭证的行为。

2. 合法性

审核原始凭证反映的经济业务是否符合国家有关政策、法律的规定，是否违反财经纪律和会计准则的规定。

3. 合理性

审核原始凭证的经济业务是否符合单位的生产、经营计划，是否符合成本效益原则，有无奢侈浪费等问题。

4. 完整性

审核原始凭证的各项要素内容是否填列齐全，手续是否完备，有关人员是否签名盖章，凭证联次是否正确等。

5. 正确性

审核原始凭证的文字书写是否规范，数量、单价、金额计算是否正确，大、小写金额是否一致。

6. 及时性

审核原始凭证的填制日期是否是在经济业务发生或完成时填制，是否及时传递。尤其是支票、银行汇票等时效性较强的原始凭证，更应仔细验证其签发日期。

（二）原始凭证的审核方法

原始凭证审核需要丰富的实务经验，作为审核人员，既要具有较高的会计操作技能，还要具有较高的理论知识水平，精通有关财经法律和会计准则。在长期的会计实践工作中，会计工作者摸索和积累了许多行之有效、简便易行的审核工作经验，具体可以概括为 6 个字，即“一看、二算、三查”。

“一看”是指拿到需要审核的原始凭证以后，认真地进行查看，主要包括以下几个方面：①内容填写是否完整，有无漏填的项目。②书写是否清晰可辨，有无文字或数字书写错误，大、小写金额是否一致。③手续是否完备，有无盖章手续和有关人员的审批意见。④凭证上有无涂改、伪造痕迹，有无刮擦、挖补现象。

“二算”是指对看过的原始凭证进行验算，看金额计算是否正确，各单项金额的合计是否等于合计金额。

“三查”是指检查原始凭证上所记录的经济业务内容有无违反国家财经、法律制度，有无虚报冒领、铺张浪费等问题，并对在“看”和“算”过程中发现的问题进行定性，以便于及时解决问题。

（三）原始凭证审核结果的处理

原始凭证经过严格审核后，对于正确无误的原始凭证，会计人员应及时据以填制记账凭证并登记有关账簿；对于审核不合格的原始凭证，应按照《会计法》的有关规定进行处理。

根据《会计法》的有关规定，会计机构、会计人员对不真实、不合法的原始凭证，不予受理；对记载不准确、不完整的原始凭证，予以退回，要求更正、补充。会计机构、会计人员认为是违法的收支，应当制止和纠正；制止和纠正无效的应当向单位领导人提出书面意见，要求处理。单位领导人应当在接到书面意见之日十日内做出书面决定，并对决定承担责任。

第三节 记 账 凭 证

由于原始凭证来自不同的单位，种类繁多、格式不一，不能清楚地表明应记入的会计科目名称和方向，为了便于登记账簿，需要对原始凭证加以归类和整理，确定会计分录，填制具有统一格式的记账凭证，并将相关的原始凭证附在后面。这样可以简化记账工作，有利于原始凭证的保管，便于对账和查账，提高会计工作质量。

一、记账凭证的种类

（一）按使用范围分类

记账凭证按照使用范围的不同，分为专用记账凭证和通用记账凭证。

1. 专用记账凭证

专用记账凭证是指用来专门记录某一类经济业务的记账凭证。按其所记录的经济业务是否与现金和银行存款的收付有关，又分为收款凭证、付款凭证和转账凭证。专用记账凭证适用于规模较大、收付款业务较多的企业。

（1）收款凭证

收款凭证是用于记录库存现金和银行存款收款业务的记账凭证。它是根据有关库存现金和银行存款收入业务的原始凭证填制的。收款凭证的格式如表 5-8 所示。

表 5-8 收 款 凭 证

借方科目：　　　　年　月　日　　　　收字第　号

摘　　要	贷方总账科目	明 细 科 目	√	金额										
				亿	千	百	十	万	千	百	十	元	角	分
合　　计														

附件　张

会计主管：　　记账：　　审核：　　出纳：　　制单：

（2）付款凭证

付款凭证是用于记录库存现金和银行存款付款业务的记账凭证，它是根据有关库存现金和银行存款支付业务的原始凭证填制的。付款凭证的格式如表 5-9 所示。

表 5-9 付 款 凭 证

贷方科目：　　　　年　月　日　　　　付字第　号

摘　　要	借方总账科目	明 细 科 目	√	金额										
				亿	千	百	十	万	千	百	十	元	角	分
合　　计														

附件　张

会计主管：　　记账：　　审核：　　出纳：　　制单：

(3) 转账凭证

转账凭证是指用于记录不涉及库存现金和银行存款业务的记账凭证。它是根据有关转账业务的原始凭证填制的。转账凭证的格式如表 5-10 所示。

表 5-10　转 账 凭 证

年　月　日　　　　转字第　号

摘　要	会计科目		借方金额										贷方金额										√
	总账科目	明细科目	千	百	十	万	千	百	十	元	角	分	千	百	十	万	千	百	十	元	角	分	
合　计																							

附件　张

会计主管：　　记账：　　审核：　　制单：

2. 通用记账凭证

通用记账凭证是指各类经济业务共同使用统一格式的记账凭证。其格式与转账凭证基本相同,适用于规模不大、收付款业务不多的企业。通用记账凭证的格式如表 5-11 所示。

表 5-11　记 账 凭 证

年　月　日　　　　字第　号

摘　要	会计科目		借方金额										贷方金额										√
	总账科目	明细科目	千	百	十	万	千	百	十	元	角	分	千	百	十	万	千	百	十	元	角	分	
合　计																							

附件　张

会计主管：　　记账：　　审核：　　制单：

(二) 按填列方式分类

记账凭证按照填列方式的不同,分为复式记账凭证和单式记账凭证。

1. 复式记账凭证

复式记账凭证是将一项经济业务所涉及的全部会计科目及其发生额填列在一张记账凭证中的记账凭证。复式记账凭证可以全面反映账户的对应关系,便于了解经济业务的全貌,有利于检查会计分录的正确性,但是不便于会计岗位的分工记账。在实际工作中,企业一般采用复式记账凭证,上述收款凭证、付款凭证和转账凭证都属于复式记账凭证。

2. 单式记账凭证

单式记账凭证是指按照一项经济业务所涉及的每个会计科目单独填制记账凭证。每张记账凭证只填列一个会计科目,其对方科目只供参考,不据以记账。填列借方科目的称为借项凭证,填列贷方科目的称为贷项凭证。某项经济业务涉及几个会计科目,就需要填列几张单式记账凭证。

单式记账凭证反映内容单一,便于分工记账,便于按会计科目汇总,但是填制记账凭证的工作量较大，不便于检查会计分录的正确性，出现差错不易查找。单式记账凭证的格式如表5-12和表5-13所示。

表5-12　借项记账凭证

年　月　日　　　　　　凭证编号　字第　　号

摘　　要	总账科目	明细科目	账页	金额										
				亿	千	百	十	万	千	百	十	元	角	分
对应科目														

会计主管：　　记账：　　审核：　　出纳：　　制单：

表5-13　贷项记账凭证

年　月　日　　　　　　凭证编号　字第　　号

摘　　要	总账科目	明细科目	账页	金额										
				亿	千	百	十	万	千	百	十	元	角	分
对应科目														

会计主管：　　记账：　　审核：　　出纳：　　制单：

二、记账凭证的基本内容

记账凭证是会计分录的载体，反映每一笔经济业务的来龙去脉。不同的单位，由于经济业务和管理要求的不同，记账凭证在格式上也存在一定的差异。但记账凭证应当具备以下基本内容。

(1) 填制记账凭证的日期。

(2) 记账凭证的编号。

(3) 经济业务摘要。

(4) 会计科目。

(5) 金额。

(6) 所附原始凭证的张数。

(7) 填制记账凭证人员、稽核人员、记账人员、会计机构负责人、会计主管人员签名或盖章。收付款凭证还应当由出纳人员签名或盖章。

以自制的原始凭证或原始凭证汇总表代替记账凭证的，也必须具备记账凭证应有的项目。

三、记账凭证的填制要求

为了保证记账凭证填制的正确、规范、完整、清晰，会计人员在填制记账凭证时应做到以下7个方面的要求。

（一）内容完整

记账凭证应具备的内容都应按记账凭证上所列项目逐一填写清楚，有关人员的签名或盖章要齐全，不可缺漏。应该注意的是：记账凭证的日期，一般为编制记账凭证当天的日期。按权责发生制计算收益、分配费用、结转成本利润等调整分录和结账分录的记账凭证，即使是下月填制，也应填写当月月末的日期，以便在当月的账内进行登记。

（二）摘要简明

记账凭证的摘要栏应填写经济业务的简要说明，摘要应与原始凭证内容一致，能够正确反映经济业务的主要内容，既要防止简而不明，又要防止过于烦琐。应使阅读者通过摘要就可了解该项经济业务的性质、特征，判断出会计分录的正确与否，一般不需要再去翻阅原始凭证或询问有关人员。

（三）分录正确

记账凭证可以根据一张原始凭证或根据若干张同类原始凭证汇总填制，也可以根据原始凭证汇总表填制，但不得将不同内容或类别的原始凭证汇总填制在一张记账凭证上，且会计科目要保持正确的对应关系。

会计人员应认真分析原始凭证上所记录的经济内容，正确确定经济业务应记入的会计科目名称、记账方向及登记金额。在填写会计分录时，总账科目名称必须写全称，不得任意简化。金额书写必须规范，方向正确、数字准确，角分位不留空格。在金额合计前应写上人民币符号“￥”，借贷金额必须试算平衡。

（四）连续编号

为了分清会计事项处理的先后顺序，便于记账凭证与会计账簿之间的核对，确保记账凭证完整无误，填制记账凭证时，应当对记账凭证连续编号。记账凭证编号的方法有多种：一种是将全部记账凭证作为一类统一编号；另一种是按现金和银行存款收入、支付和转账业务三类进行编号，即“收字第×号”“付字第×号”“转字第×号”；还有一种是按现金收入、现金支出、银行存款收入、银行存款支出和转账业务五类进行编号，即“现收字第×号”“银收字第×号”“现付字第×号”“银付字第×号”“转字第×号”。各单位应当根据本单位业务繁简程度、人员分工情况来选择便于记账、查账、内部稽核、简单严密的编号方法。无论采用哪一种编号方法，都应按月顺序编号，即每月都从 1 号编起，按顺序编至月末，不得跳号、重号。

一笔经济业务需要编制两张以上的记账凭证时，应采用分数编号法进行编号，如本月发生的一笔经济业务需要填制三张记账凭证，凭证顺序号为 8，就可以编为 $8\frac{1}{3}$、$8\frac{2}{3}$、$8\frac{3}{3}$，前面的数字表示凭证顺序，后面的分数的分母表示该凭证共有三张，分子依次表示凭证第一张、第二张、第三张。

当本月结束时，应在本月最后一张记账凭证的编号后写“完”或“全”字，表示本月所有的记账凭证已编制完整。

（五）附件齐全

附件是用于说明和证明经济业务发生与完成的各种文字资料，包括原始凭证、汇总原始凭证、经济合同、会议文件等。会计人员应将证明或说明某项经济业务的各种附件进行整理，清点其数量，然后注明在记账凭证"附件"中。

除期末结账业务和更正错误业务外，记账凭证必须附有原始凭证并如实填写所附原始凭证的张数。记账凭证所附原始凭证张数的计算一般应以原始凭证的自然张数为准。如果记账凭证中附有原始凭证汇总表，则应该把所附的原始凭证和原始凭证汇总表张数一起计入附件的张数之内。但报销差旅费等零散票据，可以粘贴在一张纸上，作为一张原始凭证。一张原始凭证如果涉及几张记账凭证的，可以将原始凭证附在一张主要的记账凭证后面，其他记账凭证在附件中注明"见××号凭证"或附上该原始凭证的复印件，以便复核查阅。

（六）书写清楚

除冲销错账的记账凭证可以用红色墨水填写外，其他记账凭证必须用蓝黑色或黑色墨水笔填写，不允许用圆珠笔和铅笔填写。书写的文字、数字必须正确、流利，清晰可辨。

填制记账凭证时发生书写错误，必须作废重填，不允许在记账凭证上出现刮擦、挖补和乱涂乱划现象。已登记入账的记账凭证发现错误，应按照规定的错账更正方法进行更正。

（七）注销空行

填制记账凭证时，应按行次逐行填写，不得跳行或留有空行。凭证内容填制完成后，如有空行，应当在金额栏自最后一笔金额数字下的空行至合计数上的空行处划线注销。

四、记账凭证的填制方法

（一）收款凭证的填制方法

当企业发生库存现金或银行存款收入业务时，应根据审核后的相关原始凭证编制收款凭证。编制收款凭证时，如果是现金收入业务，借方科目就是"库存现金"；如果是银行存款收入业务，借方科目就是"银行存款"。凭证编号时，既可以把银行存款和库存现金收入业务统一编号，如"收字××号"；也可以分开编号，如"现收字××号"或者"银收字××号"。收款凭证其他要素按照记账凭证的填制要求进行填列。

【例 5-1】 2015 年 12 月 6 日，内蒙古呼和浩特市甲公司收到中国工商银行发来的进账单，系乙公司投资款。有关凭证如表 5-14 所示。(假设为本月第 9 笔银行存款收入业务)，根据中国工商银行进账单，出纳程静编制收款凭证如表 5-15 所示。

表 5-14 中国工商银行进账单（收账通知）3

2015 年 12 月 6 日

<table>
<tr><td rowspan="3">出票人</td><td>全　称</td><td colspan="2">乙公司</td><td rowspan="3">收款人</td><td>全　称</td><td colspan="10">甲公司</td></tr>
<tr><td>账　号</td><td colspan="2">521260095533</td><td>账　号</td><td colspan="10">6210006826318</td></tr>
<tr><td>开户银行</td><td colspan="2">中行哲里木路支行</td><td>开户银行</td><td colspan="10">工行车站东街支行</td></tr>
<tr><td colspan="6" rowspan="2">人民币(大写) 壹佰万元整</td><td>千</td><td>百</td><td>十</td><td>万</td><td>千</td><td>百</td><td>十</td><td>元</td><td>角</td><td>分</td></tr>
<tr><td>¥</td><td>1</td><td>0</td><td>0</td><td>0</td><td>0</td><td>0</td><td>0</td><td>0</td><td>0</td></tr>
<tr><td>票据种类</td><td>转账支票</td><td>票据张数</td><td>1 张</td><td colspan="12" rowspan="3">中国工商银行内蒙古分行
车站东街支行
2015.12.06
收款人开户行盖章</td></tr>
<tr><td>票据号码</td><td colspan="3">VⅥ30224552</td></tr>
<tr><td colspan="2">复核</td><td colspan="2">记账</td></tr>
</table>

此联是收款人开户行给收款人的收账通知

表 5-15 收款凭证

借方科目：银行存款　　2015 年 12 月 6 日　　银收字第 09 号

摘　要	贷方总账科目	明细科目	√	金额										
				亿	千	百	十	万	千	百	十	元	角	分
收到乙公司投资款	实收资本	乙公司				1	0	0	0	0	0	0	0	0
合　计					¥	1	0	0	0	0	0	0	0	0

附件壹张

会计主管：　　记账：　　审核：　　出纳：程静　　制单：程静

（二）付款凭证的填制方法

当企业发生现金或银行存款支付业务时，应根据审核后的相关原始凭证编制付款凭证。编制付款凭证时，如果是现金支付业务，贷方科目是“库存现金”，如果是银行存款支付业务，贷方科目是“银行存款”。凭证编号时，既可以把银行存款和库存现金付出业务统一编号，如“付字××号”，也可以分开编号，如“银付字××号”或者“现付字××号”。其他要素按照记账凭证填制要求进行填列。

【例 5-2】 2015 年 12 月 31 日，内蒙古呼和浩特市甲公司用现金支付公司电话费 600 元（假设为本月第 15 笔现金支付业务），收到发票如表 5-16 所示。根据电话发票填制“报销单”及编制付款凭证如表 5-17 和表 5-18 所示。

表 5-16 内蒙古联通公司通信费专用发票　　发票代码：215001217240

发票号码：00903686

电话号码	6280243	月份	201512	缴费日期	2015/12/31	缴费类别	固话缴费
用户名称	甲公司 T15					合同号	14305467

费用项目	金额	预交款情况	
基本月租	0.00	上期余额	0.70
本地	342.00	本次存入	600.00
国内长途费	223.00	支付话费	598.00
新业务费	3.00	当前余额	2.70
套餐费	30.00		

应收合计：598.00　　收费编号：0203　　收款印戳：

实收合计(大写)：陆佰元整　　(小写)¥600.00　　营业厅　营业员：杨维佳

第二联　发票

网站网址：http://www.10010.com

表 5-17 报销单

2015 年 12 月 31 日

开支内容	通信费		
报销金额	(大写)人民币陆佰元整　(小写)¥600.00		
经办人	周昆	财务负责人	李立
部门负责人	刘嘉明	总经理	同意 杨明
备注			

会计：张华　　审核：李立　　出纳：程静

表 5-18　付　款　凭　证

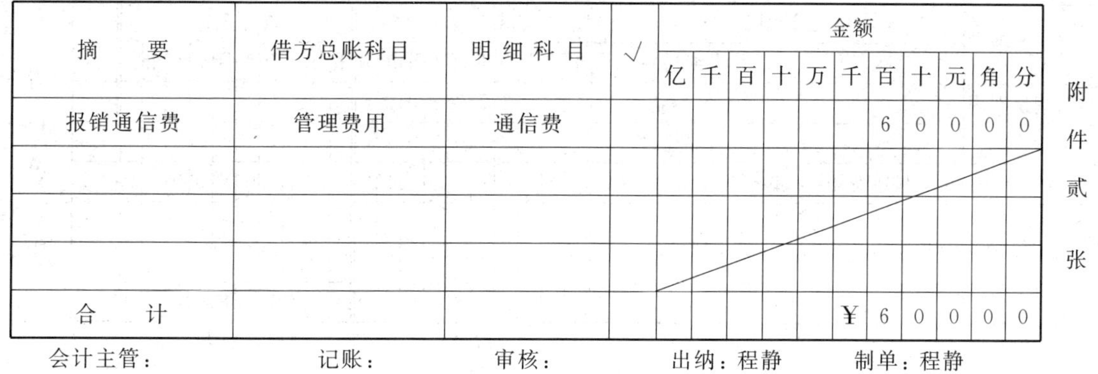

贷方科目：库存现金　　　　2015 年 12 月 31 日　　　　现付字第 15 号

摘　　要	借方总账科目	明细科目	√	金额										
				亿	千	百	十	万	千	百	十	元	角	分
报销通信费	管理费用	通信费								6	0	0	0	0
合　　计									¥	6	0	0	0	0

附件贰张

会计主管：　　　记账：　　　审核：　　　出纳：程静　　　制单：程静

值得注意的是，对于涉及库存现金和银行存款之间的划转业务，如将现金存入银行或从银行提取现金，为了避免重复记账，在实际工作中一般只填制付款凭证，不再填制收款凭证。但在登记库存现金、银行存款日记账和相关总分类账时，既要登记库存现金日记账，又要登记银行存款日记账。

出纳人员在办理收款或付款业务后，应在原始凭证上加盖“现金收讫”或“现金付讫”的戳记，以免重收重付。

（三）转账凭证的填制方法

凡不涉及现金和银行存款增加或减少的业务，均应填制转账凭证。企业应根据审核后的相关原始凭证填制转账凭证。填制转账凭证时，凭证编号应按照转账业务的顺序编号为“转字××号”；填写会计科目时应先写借方科目，后写贷方科目，并在合计行内填列借方金额和贷方金额合计数，并进行合计数的试算平衡。其他凭证要素按照记账凭证的填制要求进行填列。

【例 5-3】 2015 年 12 月 31 日，甲公司分配结转本月发生的制造费用，会计张华编制“制造费用分配表”如表 5-19 所示。（假设为本月第 50 笔转账业务）根据“制造费用分配表”填制的转账凭证如表 5-20 所示。

表 5-19　生产车间制造费用分配表

2015 年 12 月 31 日　　　　金额单位：元

应借记科目		生产工时	分配率（元/小时）	应分配金额
生产成本	A 产品	1500		27 750.00
	B 产品	1300		24 050.00
合　计		2800	18.50	51 800.00

会计：张华　　　　制表：张华　　　　审核：李立

此外，某些既涉及收款业务或付款业务，又涉及转账业务的综合性业务，可以分开填制不同类型的记账凭证。如职工报销差旅费并交回多余现金时，就应根据有关原始凭证按实际报销金额填制一张转账凭证，同时按收回的现金数额填制一张收款凭证。

表 5-20 转账凭证

2015 年 12 月 31 日　　　　转字第 50 号

摘　要	会计科目		借方金额										贷方金额										√
	总账科目	明细科目	千	百	十	万	千	百	十	元	角	分	千	百	十	万	千	百	十	元	角	分	
结转制造费用	生产成本	A 产品				2	7	7	5	0	0	0											
		B 产品				2	4	0	5	0	0	0											
	制造费用															5	1	8	0	0	0	0	
合　计					¥	5	1	8	0	0	0	0			¥	5	1	8	0	0	0	0	

附件壹张

会计主管：　　　记账：　　　审核：　　　制单：张华

（四）通用记账凭证的填制方法

通用记账凭证的名称为记账凭证，它集收款、付款和转账凭证于一身，通用于所有类型的经济业务。填制通用记账凭证时，统一按照本月发生的所有经济业务顺序进行编号，记为"记字××号"；其格式和填制方法与转账凭证相同，不再赘述。

【例 5-4】 以例 5-1～例 5-3 业务为例，编制通用记账凭证如表 5-21～表 5-23 所示。（假设分别为本月第 21、34、75 笔业务）

表 5-21 记账凭证

2015 年 12 月 6 日　　　　记字第 21 号

摘　要	会计科目		借方金额										贷方金额										√
	总账科目	明细科目	千	百	十	万	千	百	十	元	角	分	千	百	十	万	千	百	十	元	角	分	
收到投资款	银行存款			1	0	0	0	0	0	0	0	0											
	实收资本	乙公司												1	0	0	0	0	0	0	0	0	
合　计			¥	1	0	0	0	0	0	0	0	0	¥	1	0	0	0	0	0	0	0	0	

附件壹张

会计主管：　　　记账：　　　审核：　　　出纳：程静　　　制单：程静

表 5-22 记账凭证

2015 年 12 月 31 日　　　　记字第 34 号

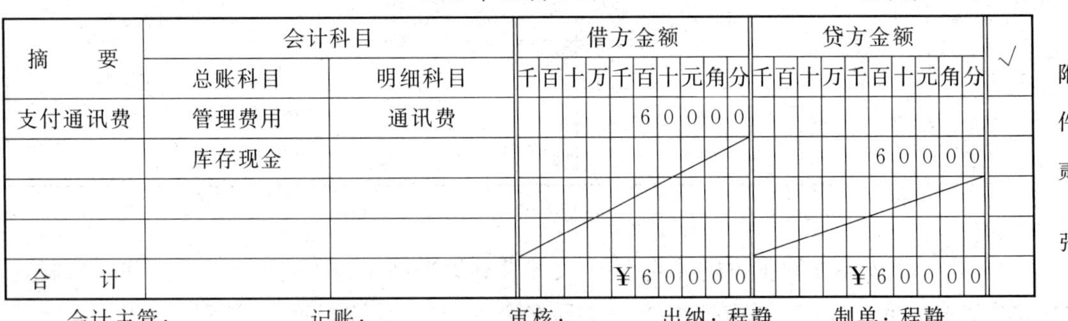

摘　要	会计科目		借方金额										贷方金额										√
	总账科目	明细科目	千	百	十	万	千	百	十	元	角	分	千	百	十	万	千	百	十	元	角	分	
支付通讯费	管理费用	通讯费						6	0	0	0	0											
	库存现金																	6	0	0	0	0	
合　计							¥	6	0	0	0	0					¥	6	0	0	0	0	

附件贰张

会计主管：　　　记账：　　　审核：　　　出纳：程静　　　制单：程静

表 5-23 记 账 凭 证

2015 年 12 月 31 日　　　　记字第 75 号

摘要	会计科目		借方金额										贷方金额										√
	总账科目	明细科目	千	百	十	万	千	百	十	元	角	分	千	百	十	万	千	百	十	元	角	分	
结转制造费用	生产成本	A 产品				2	7	7	5	0	0	0											
		B 产品				2	4	0	5	0	0	0											
	制造费用															5	1	8	0	0	0	0	
合计					¥	5	1	8	0	0	0	0			¥	5	1	8	0	0	0	0	

附件壹张

会计主管：　　　记账：　　　审核：　　　制单：张华

五、记账凭证的审核方法

为了保证会计信息的质量，账簿记录的正确性，监督各种款项的收付、财产物资的收发、往来款项的结算及其他经济业务的合理性和合法性，在记账之前应由有关稽核人员对记账凭证进行严格的审核。只有经过审核无误的记账凭证才能作为登记账簿的依据。记账凭证的审核主要包括以下内容。

（一）完整性审核

审核人员拿到记账凭证后要对其进行全面细致地观察，查看记账凭证各要素项目是否填列齐全，有无遗漏问题，如日期是否填列、凭证是否已经编号、是否写了摘要、剩余空行是否已经注销、制证人是否已经签名或盖章等。

（二）正确性审核

正确性审核主要审核会计分录编制、凭证编号是否正确，这是记账凭证审核的重点。审核时，稽核人员应翻阅记账凭证所附的原始凭证，认真分析经济业务，试编会计分录进行对照检查，以确认制证人编编制的会计分录三要素是否都正确，有没有科目应用错误、记账方向判断错误或者记账金额错误等问题，特别是要检查借方金额与贷方金额合计数是否相符。另外还要查看凭证编号，检查凭证编号是否正确，有无重号、漏号等问题。

（三）一致性审核

一致性审核主要从两个方面进行：一是审核记账凭证所反映的经济业务与所附原始凭证记录的经济业务是否一致；二是审核记账凭证上所填列的附件张数与实际附在记账凭证后面的原始凭证等附件数量是否一致，有无附件不全问题。

对审核无误的记账凭证，稽核人员应在记账凭证上“审核”栏签名或者盖章，然后交由记账人员据以登记账簿；对内容不全的记账凭证，应退回给原制证人进行补充填写；对填制错误的记账凭证应退回给原制证人，作废重新填制。

实行会计电算化的单位，对于打印的记账凭证，要认真审核，做到会计科目使用正确，数字准确无误。打印出的记账凭证要加盖制单人员、审核人员、记账人员及会计机构负责人、会计主管人员印章或者签字。

第四节 会计凭证的传递、装订和保管

一、会计凭证的传递

会计凭证的传递是指各种会计凭证从取得、填制到归档保管过程中，在单位内部有关部门和人员之间传送、交接的过程。为了能够利用会计凭证及时反映各项经济业务，提供会计信息，发挥会计监督的作用，必须正确、及时地进行会计凭证的传递，不得积压。正确组织会计凭证的传递，对于及时处理和登记经济业务，明确经济责任，实行会计监督，具有重要作用。

会计凭证的传递包括传递程序和传递时间。各单位应根据经济业务的特点、内部机构设置、人员分工和管理要求，具体规定各种凭证的传递程序；根据有关部门和经办人员办理业务的情况，确定传递时间。

二、会计凭证的装订

会计部门在依据会计凭证记账以后，应定期对各种会计凭证进行分类整理，将各种记账凭证按照编号顺序，连同所附的原始凭证一起加具封面和封底，装订成册，并在装订线上加贴封签，由装订人员在封签处签名或盖章，入档保管。

（一）会计凭证的装订准备

会计凭证装订的准备是指对会计凭证进行排序、粘贴和折叠。原始凭证的纸张与记账凭证的纸张不一样时，需要会计人员对原始凭证适当整理。较大的原始凭证，可按记账凭证的面积尺寸，先自右向后，再自下向后两次折叠，注意应把凭证的左上角或左侧面让出来，以便装订后，还可以展开查阅。对于较小的原始凭证，一般不能直接装订，可先按一定次序和类别排列，粘贴在"原始凭证粘贴单"上，粘贴时宜用胶水。证、票应分张排列，同类、同金额的单据尽量粘在一起；同时，在一旁注明张数和合计金额。若原始凭证数量较多，可以单独装订，但在记账凭证上应注明"附件另订"及原始凭证的名称和编号，以便查阅。

（二）会计凭证的装订方法

会计凭证装订的要求应该既美观大方又便于翻阅，所以在装订时要先设计好装订册数及每册的厚度。一般来说，一本凭证厚度以 1.5～2.0cm 为宜，太厚了不便于翻阅核查，太薄了又不利于放置。凭证装订册数可根据凭证多少来定，原则上以月份为单位装订，每月订成一册或若干册。有些单位业务量小，凭证不多，也可以把若干个月的凭证合并订成一册，并在凭证封面注明本册所含的凭证月份。

知识链接

在装订会计凭证时，一般采用角订法，装订简单易行，具体操作步骤如下。

(1) 将凭证封面和封底裁开，分别附在凭证上面和下面，再拿凭证包角放在封面左上角，做护角线。

(2) 在凭证的左上角(包角上)画边长为 5cm 的等腰三角形，用夹子夹住，用装订机在底线上分布均匀地打两个或三个装订孔。

(3) 用穿线的大针分别穿过装订孔引线，最后在凭证的背面打线结。

(4) 将护角向左上侧折叠，并将一侧剪开至凭证的左上角，然后抹上胶水，向后折叠，并将侧面和背面的线绳扣粘死。

装订好的会计凭证封面应注明单位名称、凭证种类、凭证张数、起止号数、年度、月份、会计主管人员、装订人员等有关事项，会计主管人员和保管人员应在封面上签章。装订后的会计凭证封面格式一般如表 5-24 所示。

表 5-24 会 计 凭 证 封 面

自　　年　月　日至　　年　月　日

凭证名称	凭证起讫号码		凭证张数	附件张数	第　　册	共　　册
	自	至				

会计档案	全宗号	目录号	案卷号	保管年限

会计主管：　　　　　装订：

三、会计凭证的归档保管

会计凭证的归档保管是指会计凭证装订后的归档和存查工作。会计凭证作为记账的依据，是重要的会计档案和经济资料。任何单位在完成经济业务手续和记账后，必须将会计凭证按规定的立卷归档制度形成会计资料，妥善保管，防止丢失，不得任意销毁，以便日后随时查阅。会计凭证的归档保管要求主要有以下内容。

(1) 重要的原始凭证应单独保管。对于各种重要的原始单据以及各种需要随时查阅和退回的单据，应另编目录，单独登记保管，并在有关的记账凭证和原始凭证上相互注明日期和编号。

从外单位取得的原始凭证遗失时，应取得原签发单位盖有公章的证明，并注明原始凭证的号码、金额、内容等，由经办单位会计机构负责人、会计主管人员和单位负责人批准后，才能代做原始凭证。若确实无法取得证明的，如车票丢失，则应由当事人写明详细情况，由经办单位会计机构负责人、会计主管人员和单位负责人批准后，代做原始凭证。

(2) 会计凭证应加贴封条，防止抽换凭证。一般来说，原始凭证不得外借，其他单位如有特殊原因确实需要使用时，经本单位会计机构负责人、会计主管人员批准，可以复制。向外单位提供的原始凭证复制件，应在专设的登记簿上登记，并由提供人员和收取人员共同签名、盖章。

(3) 每年装订成册的会计凭证，在年度终了时可暂由单位会计机构保管一年，期满后应当移交本单位档案机构统一保管。未设立档案机构的，应当在会计机构内部指定专人保管。出纳人员不得兼管会计档案。

(4) 严格遵守会计凭证的保管期限要求，原始凭证和记账凭证的保管期限均为30年，期满前不得任意销毁。

本章小结

通过本章的学习，系统掌握以下知识点。

本章内容	重要知识点
会计凭证概述	1. 含义：是记录经济业务发生或完成情况的书面证明，是登记账簿的依据 2. 分类：按填制程序和用途分为原始凭证和记账凭证 ① 原始凭证是指在经济业务发生或完成时，用以明确经济责任，作为记账依据的书面证明文件 ② 记账凭证是会计人员根据审核无误的原始凭证或汇总原始凭证，用来确定经济业务应借、应贷的会计科目和金额而填制的凭证，是登记账簿的直接依据
原始凭证	1. 种类：① 按来源不同：外来原始凭证和自制原始凭证 ② 按照填制手续及内容不同：一次凭证、累计凭证和汇总凭证 ③ 按照格式不同：通用凭证和专用凭证 2. 基本内容：①原始凭证名称和编号 ②填制原始凭证的日期 ③接受原始凭证单位名称 ④经济业务内容 ⑤填制单位签章 ⑥有关人员签章凭证 ⑦附件 3. 原始凭证的填制要求：①记录真实 ②内容完整 ③手续完备 ④书写清楚、规范 ⑤编号连续 ⑥不得涂改、刮擦、挖补 ⑦填制及时 4. 审核方法：①真实性 ②合法性 ③合理性 ④完整性 ⑤正确性 ⑥及时性
记账凭证	1. 种类：① 按用途及使用范围：专用记账凭证和通用记账凭证 ② 按照反映经济业务内容：收款凭证、付款凭证和转账凭证 ③ 按照填列方式：复式凭证和单式凭证 2. 基本内容：①日期 ②名称和编号 ③摘要 ④应记会计科目、方向及金额 ⑤记账符号 ⑥原始凭证张数 ⑦相关会计人员的签名或盖章 3. 填制要求：①内容完整 ②摘要简明 ③分录正确 ④连续编号 ⑤附件齐全 ⑥书写清楚 ⑦注销空行 4. 填制方法：①收款凭证 ②付款凭证 ③转账凭证 ④通用记账凭证 5. 审核方法：①完整性 ②正确性 ③一致性
会计凭证的传递、装订与保管	1. 会计凭证的传递：是指各种会计凭证从取得、填制到归档保管的过程，在单位内部有关人员和部门之间传送、交接的过程 2. 装订：角订法 3. 保管：暂由本单位财会部门保管1年，保管年限应为30年

第六章

会 计 账 簿

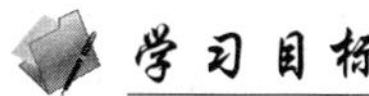

学习目标

了解设置会计账簿的意义；理解会计账簿的种类及格式；掌握会计账簿的设置、登记方法；掌握错账更正规则以及对账和结账方法。

重点掌握总分类账、明细分类账和日记账的登记方法。

企业发生的各种经济业务事项，通过会计凭证记录了全部数据，对会计对象做了全面的、最初的反映和描述。但是，这种反映和描述非常分散、孤立、零碎，表现为大量个别数据的集合，还缺乏科学的分析和加工，不能满足各方面的需要。在实际工作中，还需要对会计凭证反映的信息作进一步加工处理，这项工作是通过账簿这个工具来实现的。

第一节　会计账簿概述

一、会计账簿的概念

会计账簿是指由一定格式账页组成的，以经过审核的会计凭证为依据，全面、系统、连续地记录各项经济业务的簿籍。它是会计信息形成的重要环节，是会计资料的主要载体之一。

账簿与账户既有联系又有区别。账簿和账户所反映的经济业务内容是一致的，账户只是在账簿中按规定的会计科目设置的户头，而账簿是连续、系统、全面地进行分类记录、积累和储存会计信息资料的载体。账簿是账户的外表形式，账户记录才是账簿的内容。

二、会计账簿的作用

设置和登记账簿是会计核算的专门方法之一，是会计工作的重要环节，是编制会计报表的基础，是连接会计凭证和会计报表的中间环节。科学地设置和正确地登记账簿，对于加强经济管理、发挥会计职能具有重要作用。

（一）可以记载、储存会计信息

各单位通过设置和登记账簿，将会计凭证上所反映的零散会计核算资料加以归类、整理和汇总，形成集中、系统和全面的会计核算资料，可以全面反映各项资金运动情况及其结果，储存所需要的各项会计信息，为经营管理者提供系统完整的会计资料。

（二）可以分类、汇总会计信息

会计账簿由不同的相互关联的账户所构成。通过账簿记录，一方面可以分门别类地反映各项会计信息，提供一定时期内经济活动的详细情况；另一方面可以通过发生额、余额的计算，提供各方面所需要的总括会计信息，反映财务状况、经营成果和现金流量的综合价值指标。

（三）可以检查、校正会计信息

会计账簿是会计凭证的进一步整理，也是会计分析、会计检查的重要依据。各单位通过设置和登记账簿，可以具体反映单位内各项财产物资的增减变动及其结存情况，定期将账簿记录与财产物资进行核对，可以确认财产的盘盈或盘亏，明确经济责任，保护单位财产物资的安全和完整，做到账实相符，提供如实、可靠的会计信息。

（四）可以编报、输出会计信息

会计账簿所提供的各种会计信息，经过加工整理后，成为编制会计报表的依据。各单位应定期进行对账和结账，计算出本期发生额和余额，据以编制会计报表，向有关各方提供所需要的会计信息。会计报表是否正确、及时，与会计账簿的记录有着密切的关系。

三、会计账簿的分类

在实际工作中，为了便于了解和运用账簿，需要对账簿进行分类。会计账簿的种类很多，不同类别的会计账簿可以提供不同的信息，满足会计信息使用者不同的需要。

（一）账簿按用途分类

账簿按用途可分为序时账簿、分类账簿和备查账簿。

1. 序时账簿

序时账簿又称日记账，是根据经济业务发生时间的先后顺序逐日、逐笔进行登记的账簿。在实际工作中，它是按照会计部门收到凭证的先后顺序，即按照凭证编号的顺序进行登记的。序时账簿按其记录的内容，可分为普通日记账和特种日记账。在我国会计实务中，通常只对现金和银行存款设置日记账进行序时登记，以加强对货币资金的管理。

2. 分类账簿

分类账簿是按照会计要素的具体类别而设置的分类账户进行分类登记的账簿。按其反映经济业务的详略程度，可分为总分类账簿和明细分类账簿。

总分类账簿简称总账，是根据总分类科目开设的账户，能够全面反映企业的经济活动，提供总括核算资料的分类账簿。它主要为编制会计报表提供直接数据资料。

明细分类账簿简称明细账，是根据明细分类科目开设的账户，用来提供明细核算资料的分类账簿。

3. 备查账簿

备查账簿又称补充登记簿或辅助登记簿，是对某些在序时账和分类账中未能记载或记载不全的经济业务进行补充登记的账簿。它主要用来记录一些供日后查考的有关经济事项，如“代销商品登记簿”“租入固定资产登记簿”。

备查账簿只是对其他账簿记录的一种补充，与其他账簿之间不存在严密的依存和钩稽关系。备查账簿的记录与编制会计报表无直接关系，是一种表外账簿。

（二）账簿按外表形式分类

账簿按外表形式可分为订本式账簿、活页式账簿和卡片式账簿。

1. 订本式账簿

订本式账簿简称订本账，是在账簿启用前将编有顺序页码的账页固定装订成册的账簿。

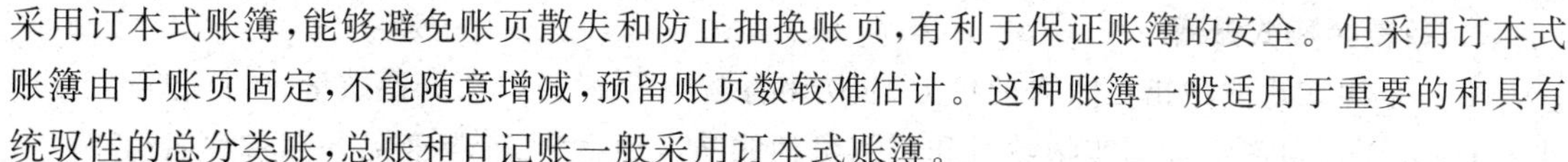

采用订本式账簿，能够避免账页散失和防止抽换账页，有利于保证账簿的安全。但采用订本式账簿由于账页固定，不能随意增减，预留账页数较难估计。这种账簿一般适用于重要的和具有统驭性的总分类账，总账和日记账一般采用订本式账簿。

2. 活页式账簿

活页式账簿简称活页账，是将一定数量的账页置于活页夹内，可根据记账内容的变化而随时增加或减少部分账页的账簿。活页账的优点是可根据实际需要，灵活地使用账页，防止浪费账页，便于分工记账，提高工作效率。其缺点是如果管理不善，容易造成账页的散失和故意抽换账页。为此，空白账页在使用时必须编号，并由有关人员在账页上盖章。活页账登记使用完后，应装订成册妥善保管。通常明细分类账采用活页账。

3. 卡片式账簿

卡片式账簿简称卡片账，是将一定数量的卡片式账页存放于专设的卡片箱内，可以根据需要随时增添账页的账簿。卡片式账簿使用比较灵活，反映的内容比较具体详细，可以跨年度长期使用，无须更换账簿，一物一卡，卡随物走。使用完毕后，应将卡片穿孔，固定保存。在我国企业一般只对固定资产的核算采用卡片式形式，也有少数企业在材料核算中采用材料卡片。

（三）账簿按账页格式分类

账簿按账页格式可分为三栏式、多栏式、数量金额式和横线登记式账簿。

1. 三栏式账簿

三栏式账簿是指设有借方、贷方和余额3个基本金额栏目的账簿。各种日记账、总分类账以及资本、债权、债务明细账均可采用三栏式账簿。三栏式账簿格式如表6-1所示。

表6-1　三栏式账簿

年		凭证		摘　要	借　方	贷　方	借或贷	余　额
月	日	字	号					

2. 多栏式账簿

多栏式账簿是指在账簿的两个金额栏目(借方和贷方)按需要分设若干专栏的账簿。这种账簿可以按“借方”和“贷方”分设专栏，也可以只设“借方”或“贷方”专栏，设多少栏则根据需要确定。收入、费用和成本明细账一般均采用这种格式的账簿。多栏式账簿格式如表6-2所示。

表6-2　多栏式账簿

年		凭证		摘　要	借（　）方金额分析				借方	贷方	借或贷	余额
月	日	字	号									

3. 数量金额式账簿

数量金额式账簿是指在账簿的借方、贷方和余额 3 个栏目内都分设数量、单价和金额 3 个小栏，借以反映财产物资的实物数量和价值量的账簿。原材料、库存商品等存货类明细账一般采用数量金额式账簿。数量金额式账簿格式如表 6-3 所示。

表 6-3　数量金额式账簿

年		凭证		摘要	收入			发出			结存		
月	日	字	号		数量	单价	金额	数量	单价	金额	数量	单价	金额

4. 横线登记式账簿

横线登记式账簿又称平行式账簿，是指将前后紧密联系的经济业务登记在同一行上，以便检查每笔业务的发生和完成情况的账簿。通常材料采购、应收票据和一次性备用金等明细账一般采用横线登记式账簿。横线登记式账簿格式如表 6-4 所示。

表 6-4　横线登记式账簿（其他应收款——备用金明细账）

年		凭证		摘要	借方			年		凭证		摘要	贷方			余额
月	日	字	号		原借	补付	合计	月	日	字	号		报销	退回	合计	

第二节　会计账簿的启用和登记要求

一、会计账簿的基本内容

在实际工作中，各种账簿所记录的经济内容不同，格式多种多样，但各种账簿一般都应具有封面、扉页、账页 3 项基本内容。

（一）封面

封面主要注明账簿名称、记账单位及会计年度。

（二）扉页

扉页主要列示账簿启用表及科目索引。账簿启用表包括账簿的启用日期、截止日期、页数、册次、经管账簿人员一览表、会计主管人员签章等。科目索引标明了账簿中每个账户的名称和页次，方便查阅和登记。

（三）账页

账页是账簿的主体，是用来具体记录经济业务的载体。一本账簿一般由几十个到几百个账页联结而成，每个账页都有比较统一、事先印制好的格式。尽管不同的账簿格式有差异，但一般都包括下列基本内容。

(1) 账户名称(总账科目、二级科目或明细科目)。

(2) 登记日期栏。

(3) 凭证种类和编号栏。

(4) 摘要栏。

(5) 金额栏。

(6) 总页次和分户页次。

二、会计账簿的启用

启用会计账簿时，应当在账簿封面上写明单位名称和账簿名称，并填写账簿扉页上的“账簿启用和经管人员一览表”。账簿是重要的会计档案，必须要有专人负责登记。记账人员或会计机构负责人调动工作或因故离职时，应办理交接手续，将本人所经管的会计工作移交给接替人员，并在“账簿启用表”交接记录栏内注明交接日期、接替人员和监交人员姓名，并由交接双方人员签名或盖章。

启用订本式账簿应当从第一页到最后一页顺序编订页数，不得跳页、缺号。使用活页式账簿应当按账户顺序编号，并需定期装订成册。

三、会计账簿的记账规则

为了保证账簿记录的正确、规范，必须根据审核无误的会计凭证登记会计账簿，并要符合有关法律、行政法规和国家统一的会计准则制度规定。登记账簿时应遵循以下规则。

(一) 准确完整

登记账簿时，必须对会计凭证进行严格的审核，然后根据正确无误的会计凭证，将凭证日期、编号、业务内容摘要、金额和其他有关资料逐项记入账内，做到数字准确、摘要清楚、登记及时、字迹工整。账簿记录中的日期，应该填写记账凭证上的日期；以自制原始凭证作为记账依据的，账簿记录中的日期应按有关自制凭证日期填列。

(二) 注明记账符号

账簿登记完毕后，应在记账凭证上签名或盖章，并在记账凭证的“过账”栏内注明过入账簿的页次或画“√”，表示已经登账，防止漏记、重记。

(三) 书写留空

账簿书写的文字、数字上面应留有适当的空距，不要写满格，一般应占格距的1/2。如果发生登记错误，能利用空距进行更正，同时也方便查账工作。

(四) 正常记账使用蓝黑墨水

为了保持账簿记录的持久性，防止涂改，登记账簿必须使用蓝黑墨水或碳素墨水书写，不得使用圆珠笔(银行的复写账簿除外)或者铅笔书写。需要注意的是，除结账、改错、冲销账簿记录、负余额外不得使用红色墨水登记账簿。

知识链接

在会计处理中,什么情况下可以使用红色墨水?

根据规定,下列情况可以使用红色墨水。

(1) 按照红字冲账的记账凭证,冲销错误记录。

(2) 在不设借贷等栏的多栏式账页中,登记减少数。

(3) 在三栏式账户的余额栏前,如未印明余额方向的,在余额栏内登记负数余额。

另外根据财政部会计司编辑的《会计制度补充规定及问题解答(第一辑)》,在解答“应交税费——应交增值税”明细账户的设置方法时说明:在“进项税额”专栏中用红字登记退回所购货物应冲销的进项税额;在“已交税金”专栏中用红字登记退回多交的增值税税额;在“销项税额”专栏中用红字登记退回销售货物应冲销的销项税额,以及在“出口退税”专栏中用红字登记出口货物办理退税后发生退货或退关而补交已退的税款。

(五) 顺序连续登记

会计账簿应当按照连续编号的页码顺序登记,不得跳行、缺号、隔页。如果发生隔页、跳行,应在空行、空页处划红色对角线注销,或注明“此页空白”或“此行空白”字样,并由记账人员签章,以示负责。

(六) 结出余额

凡是需要结出余额的账户,应在“借或贷”栏目内注明“借”或“贷”字样。没有余额的账户,应在“借或贷”栏目内写“平”字,并在余额栏“元”位处用“θ”表示。

(七) 过次承前

为了保持账簿记录的连续性和衔接性,在每一账页登记完毕时,应在账页的最末行“摘要”栏注明“过次页”或“转次页”,并结出本月本页借、贷方发生额和余额登记在最末行金额栏内;账簿下页第一行“摘要”栏内注明“承前页”,并将上页借方、贷方发生额和余额顺序记入金额栏内。

(八) 错账更正

如果账簿记录错误,不得涂改、刮擦、挖补或用褪色药水更改字迹,应按规定的方法更正。

第三节　会计账簿的格式和登记方法

一、日记账的格式和登记方法

日记账是逐日逐笔按顺序连续记录经济业务的序时账簿。日记账按其所核算和监督经济业务的范围,可分为普通日记账和特种日记账。在我国,大多数企业一般只设置库存现金日记账和银行存款日记账。

(一) 现金日记账的格式和登记方法

现金日记账是用来核算和监督库存现金每日收、付和结存情况的序时账簿。它是由出纳员根据审核后的现金收、付款凭证和有关的银行存款付款凭证(如提取现金的业务),逐日逐笔按顺序进行登记。每日终了,应结出余额,并将其与库存现金实有数核对。现金日记账必须使用订本账，其格式主要有三栏式和多栏式，格式如表6-5和表6-6所示。

表6-5　现金日记账（三栏式）

年		凭证号	摘　　要	对方科目	收　入	支　出	余　额
月	日						

表6-6　现金日记账（多栏式）

年		凭证号	摘要	收　　入				支　　出				余额
月	日			银行存款	主营业务收入	……	合计	其他应收款	管理费用	……	合计	

现金日记账的登记方法如下。

（1）日期栏：登记现金的实际收付日期。

（2）凭证号栏：登记收款凭证或付款凭证的种类和编号。如15号现金收款凭证，就记为“现收15号”。

（3）摘要栏：登记经济业务的简要说明。

（4）对方科目栏：登记现金收入和支出的对应科目名称。

（5）收入、支出和余额栏：登记实际发生的现金收入和支出金额，每日终了，结出当日现金余额，并与库存现金数核对，即“日清”；

（二）银行存款日记账的格式和登记方法

银行存款日记账是用来核算和监督银行存款每日的收入、支出和结余情况的账簿。银行存款日记账应按企业在银行开立的账户和币种分别设置，每个银行账户设置一本日记账。由出纳员根据银行存款收款、付款凭证和有关的现金付款凭证（如现金存入银行的业务），按时间先后顺序逐日逐笔进行登记。

银行存款日记账必须使用订本账，其格式与库存现金日记账基本相同，可以采用三栏式或多栏式。三栏式银行存款日记账的格式如表6-7所示。

表6-7　银行存款日记账（三栏式）

年		凭证号	摘　　要	结算凭证		对方科目	收　入	支　出	结　余
月	日			种类	号数				

银行存款日记账的登记方法与现金日记账基本相同，只是增加一栏“结算凭证”，以便记账时标明每笔业务的结算凭证及编号，便于与银行核对账目。

二、分类账的格式和登记方法

（一）总分类账的格式和登记方法

总分类账是按总分类科目开设分类登记以提供总括会计信息的账簿。总分类账簿采用订本式，最常用的格式为三栏式，其一般格式如表 6-8 所示。

表 6-8　总分类账

年		凭证		摘　要	借　方	贷　方	借或贷	余　额
月	日	字	号					

总分类账登记的依据和方法取决于所采用的会计核算程序。在不同的会计核算程序下，总分类账可以直接根据各种记账凭证逐笔进行登记，也可以将各种记账凭证先汇总编制成科目汇总表或汇总记账凭证，再据以登记，还可能根据多栏式日记账登记。无论采取哪一种方式，会计人员每月都应将已发生的经济业务全部登记入账，并于月末结出总分类账各账户的本期发生额和期末余额，作为编制会计报表的主要依据。

（二）明细分类账的格式和登记方法

明细分类账是根据有关明细分类账户设置并登记的账簿。它能提供交易或事项比较详细、具体的核算资料，以弥补总账所提供核算资料的不足。因此，各企业单位在设置总账的同时，还应设置必要的明细账。明细分类账一般根据记账凭证和相应的原始凭证来逐笔登记。

明细分类账通常采用活页式账簿，常用格式主要有三栏式、多栏式、数量金额式、横线登记式四种。

1. 三栏式明细分类账

三栏式明细分类账与三栏式总分类账基本相同。这种格式适用于只需要进行金额核算的明细分类账使用。如应收账款、应付账款、长期借款、短期借款和实收资本等科目。

2. 多栏式明细分类账

多栏式明细分类账是根据经济业务的特点和管理需要，在一张账页内按明细项目分设若干专栏，用以集中反映明细项目的核算资料。这种明细账又称为专栏式明细账簿。适用于需要对金额进一步分析的明细分类账，如生产成本、制造费用和管理费用等科目。生产成本明细账格式如表 6-9 所示。

表 6-9　生产成本明细账

年		凭证		摘　要	借方金额分析			借方	贷方	借或贷	余额
月	日	字	号		直接材料	直接人工	制造费用				

3. 数量金额式明细分类账

数量金额式明细分类账的账页，需要在收入、发出和结存栏内，分设数量、单价和金额栏。它适用于既要进行金额核算，又要进行数量核算的科目，如原材料、产成品等存货科目。原材料明细账的格式如表 6-10 所示。

表 6-10　原材料明细账

材料类别：　　　　　　　　　　　　　　　　　　　　　　　　最高存量：

材料名称：　　　　　　　　　规格：　　　　计量单位：　　　　　　最低存量：

年		凭证		摘要	收入			发出			结存		
月	日	字	号		数量	单价	金额	数量	单价	金额	数量	单价	金额

4. 横线登记式明细分类账

横线登记式明细账簿的账页是采用横线登记，将每一相关的业务登记在一行，从而可依据每一行各个栏目的登记是否齐全来判断该项业务的进展情况。这种格式的明细账适用于材料采购、在途物资、应收票据等明细账。在途物资明细账格式如表 6-11 所示。

表 6-11　在途物资明细账

年		凭证		摘　要	借方			贷方金额					余额
月	日	字	号		买价	采购费用	合计	月	日	字	号	金额	

三、备查账簿的格式与登记方法

备查账簿一般没有固定的格式，更注重用文字来表述某项经济业务的发生，每个单位可根据实际需要灵活设置。

使用备查账簿能够为企业经营管理提供必要的补充资料，例如，为了加强经营租入固定资产的管理，记录其租入、使用和归还等情况供日后查考，可设置“租入固定资产备查登记簿”，其格式如表 6-12 所示。

表 6-12　租入固定资产备查登记簿

租入日期	名称及规格	租约号数	出租单位	使用日期	租金	使用部门	归还日期

第四节　错账查找与更正方法

在记账过程中,可能会发生各种各样的差错,产生错账,从而影响会计信息的准确性。账簿记录中的错误一经发现后,应立即更正。错账更正是一件非常严肃的事情。为了明确责任,也为了防止出现舞弊行为,必须按照严格的程序和规定的方法来进行更正。

一、错账查找方法

常见的差错有重记、漏记、数字颠倒、数字错位、数字记错、科目记错、借贷方向记反等。为了迅速地更正错账,首先必须采用比较合理的方法和技巧查找错账。结账时,如果试算不平衡,就可以肯定记账发生了错误,应迅速查找,不得拖延,更不允许伪造平衡,造成错上加错。查找错账可以通过下列方法进行。

(一) 顺查法

顺查法是按照"记账凭证→会计账簿→试算平衡表→会计报表"的账务处理程序,从头到尾进行的普通检查,优点是范围全面,不易遗漏;缺点是工作量大,时间较长。顺查法的检查步骤如下。

(1) 将记账凭证与原始凭证核对,检查有无制证错误。

(2) 将记账凭证及所有原始凭证与账簿记录逐笔核对,检查有无记账错误。

(3) 结算各账户的发生额及期末余额,检查有无计算错误。

(4) 检查试算平衡表上有无抄写和计算错误。

(5) 检查会计报表有无差错。

(二) 逆查法

逆查法和顺查法恰好相反,是按照"会计报表→试算平衡表→会计账簿→记账凭证"的程序,从尾到头进行的普遍检查。优点是范围全面,不易遗漏;缺点是工作量大,时间较长。逆查法的步骤如下。

(1) 检查会计报表有无差错。

(2) 检查试算平衡表本身是否平衡。

(3) 检查各账户的发生额及余额的计算是否正确。

(4) 将记账凭证、原始凭证与账簿记录逐笔核对,检查记账有无错误。

(5) 检查记账凭证的填制是否正确。

（三）重点抽查法

重点抽查法是在已初步掌握情况的基础上，有重点地抽取账簿记录中某些部分进行局部检查的方法。例如，两个数据核对时，只是元位不同，其余数位都相同，则只找元、角、分 位数，其他数字则不必逐一检查。采用这种检查方法的优点是范围小，节时省力；缺点是差错难以发现。

（四）偶合法

偶合法是根据账簿记录错误中最常见的规律，推测错账的类型与错账有关的记录进行查账的方法。常用的方法主要有以下几种。

1. 差数法

差数法是按照错账的差数查找错账的方法。适用于记账时重记或漏记了借方或贷方，从而造成试算平衡中借方合计或贷方合计不等。对于类似差错，应由会计人员通过回忆相关金额的记账凭证进行查找。

2. 尾数法

尾数法是指对于发生的差错只查找末位数，适用于借贷方金额其他位数都一致，只有末位数出现差错的情况。如发生的角、分的差错可以只查找小数部分，以提高查错的效率。只差0.08元，只需看一下尾数有“0.08”的金额，看是否已将其登记入账。

3. 除2法

除2法是指以差数除以2来查找错账的方法。在记账时，有时由于会计人员疏忽，错将借方金额登记到贷方(或相反)，出现错账的差数表现为错误的2倍，用差数除以2，得出的商数就是账簿中记账方向的反方向数字。如应记入“其他应收款”明细账科目借方的500元错记入贷方，就会出现总账期末借方余额大于明细账借方余额1 000元，将1 000元除以2，正好是贷方记错的500元。

4. 除9法

除9法是指用对账差额除以9来查找差错的一种方法，主要适用于以下情况。

(1) 数字错位

在登记账目时，会计人员有时会把位数看错，出现数字错位，这是日常工作中较容易发生的差错。如将700元错看成7 000元并登记入账，此时在对账时就会出现余额差6 300，以差数除以9得出的商为正确的数字，商乘以10后所得的积为错误数字。

(2) 邻数颠倒

在记账时，有时易将相邻的两位数或三位数的数字登记颠倒，它们共同特点是错账差数一定是9的倍数。如将714误记为174，其差异数540除以9，商为60，根据商数的首位是6，则可判断颠倒的两个数字差异是6，这样在账簿记录中就可查找百位数与十位数之间的下列数字1与7、2与8、3与9等。即查找17、28、39中哪一个数字颠倒了，当查到17这个数字时就可结合该项业务的会计凭证核对其是否将8 714元误记成8 174元。

二、错账更正方法

对于发生的账簿记录错误，应该采用正确、规范的方法予以更正，不得涂改、挖补、刮擦或者用药水消除字迹。错账的更正方法一般有划线更正法、红字更正法和补充登记法3种。

（一）划线更正法

划线更正法又称红线更正法，就是把账簿记录中错误的文字或数字用红线全部划去，然后用蓝字写上正确的文字或数字，再由记账人员在更正处盖章，以示负责。采用这种方法，更正时不能只划去错误数字，应将错误数字全部划去，并保持原有数字清晰可辨，以便事后审查。若文字错误，则只划去错误文字即可。

划线更正法适用于记账凭证没有错误，只是登记账簿时发生笔误的情况。如会计人员把3 657错写为3 567，更正的方法是：将错误数字3 567全部用红线划去，表示注销（~~3 567~~），然后在账格上1/2处用蓝黑色记账笔写上正确的3 657，并在更正处加盖印章。

（二）红字更正法

红字更正法又称红字冲账法，是用红字冲销或冲减原有的错误记录，以更正或调整记账错误的方法。红字更正法适用于以下两种情况。

（1）记账后发现记账凭证中的应借或应贷会计科目错误，导致账簿记录中记错账户。更正时，先用红字金额填制一张与原错误记账凭证完全相同的记账凭证，在其摘要栏内注明“冲销某月某日某号凭证错账”，据以用红字登记入账，冲销原有的错误记录；然后再用蓝字填制一张正确的记账凭证，在其摘要栏内注明“更正某月某日某号凭证错账”，重新登记入账。

【例6-1】 2016年8月5日，甲公司生产车间领用一批包装物1 000元，直接用于产品生产，记账凭证误记入“制造费用”账户，并且已经记账，原错误凭证如下。

借：制造费用　　　　1 000

　贷：周转材料——包装物　　　　1 000

会计人员发现错误后，分别编制红字冲销凭证和蓝字正确凭证如下。

借：制造费用　　　　[1 000]

　贷：周转材料——包装物　　　　[1 000]

借：生产成本　　　　1 000

　贷：周转材料——包装物　　　　1 000

根据以上两张会计凭证登记入账，错账得以更正。

（2）记账后发现记账凭证和账簿记录中应借、应贷会计科目无误，只是所记金额大于应记金额。更正时，可将多记金额用红字填制一张与原来记账凭证应借、应贷科目完全相同的记账凭证，在其摘要栏内注明“冲销某月某日某号凭证多记金额”，并据以用红字登记入账，冲销原有的多记金额。

【例6-2】 2016年9月10日，甲公司以银行存款归还购料的欠款180 000元，误将金额记为810 000元，并已记账。原错误凭证如下。

借：应付账款　　　　810 000

　贷：银行存款　　　　810 000

更正错误时，会计人员用红字填制相同记账凭证，将多记金额63 000元冲销并登记入账即可，冲销红字凭证如下。

借：应付账款　　　　[63 000]

　贷：银行存款　　　　[63 000]

（三）补充登记法

记账后发现记账凭证和账簿记录中应借、应贷会计科目无误，只是所记金额小于应记金额。更正时，可将少记金额用蓝字填制一张与原来记账凭证应借、应贷科目完全相同的记账凭证，在其摘要栏内注明“补充某月某日某号凭证少记金额”，并据以登记入账。将少计金额补充登记入账，又称补充更正法。

【例 6-3】 2016 年 10 月 9 日，甲公司生产车间领用原材料 50 000 元用于产品生产，在填制记账凭证时，金额误记为 5 000 元，并已登记入账。原错误凭证如下。

借：生产成本　　　　5 000

　贷：原材料　　　　5 000

更正错误时，会计人员只需用蓝字填制一张金额为 45 000 元的记账凭证，补充登记入账即可，蓝字补充凭证如下。

借：生产成本　　　　45 000

　贷：原材料　　　　45 000

然后据以入账，这样在账簿上补记了少记的金额，就把错误记录更正了过来。

现将错账类型及相应的更正方法及步骤总结如表 6-13 所示。

表 6-13　错账更正方法

<table>
<tr><th colspan="3">错 账 类 型</th><th>更正方法</th><th colspan="2">更 正 步 骤</th></tr>
<tr><td colspan="3">记账凭证正确，过账发生错误</td><td>划线更正法</td><td colspan="2">1. 划红线注销错误记录
2. 蓝字登记正确记录
3. 更正人盖章</td></tr>
<tr><td rowspan="3">记账凭证错误并已过账</td><td colspan="2">会计科目错误</td><td rowspan="2">红字更正法</td><td>全部冲销</td><td>1. 填制红字记账凭证冲销错账
2. 填制蓝字记账凭证登记入账</td></tr>
<tr><td rowspan="2">金额错误</td><td>金额多记</td><td>部分冲销</td><td>填制红字金额凭证冲销多记金额</td></tr>
<tr><td>金额少记</td><td>补充登记法</td><td colspan="2">填制蓝字金额凭证补记少记金额</td></tr>
</table>

第五节　对账与结账

一、对账

对账就是核对账目，是对账簿记录进行的核对工作。在会计核算工作中，由于种种原因，有时难免会发生各种差错和账实不符的现象。对账的目的就是为了保证账簿记录的真实、正确和完整，做到账证相符、账账相符和账实相符。

建立定期对账制度，是确保会计信息质量的一项重要措施。对账的内容包括以下 3 个方面。

（一）账证核对

账证核对就是将账簿的各项记录与有关的会计凭证进行核对，以检查其是否相符。账证核对是对账工作的第一步，一般是在日常核算中通过会计人员登记账簿工作中进行的。账证核对的主要内容是将总账、明细账、日记账的记录分别与记账凭证及所附的原始凭证进行核对，看其时间、凭证字号、业务内容、金额是否一致，记账方向是否相符等。

（二）账账核对

账账核对就是核对有关存在对应关系的账簿之间记录是否相符一致。账账核对一般是在账证核对基础上进行的。一般来说，账账核对主要包括以下几个方面。

1. 总分类账簿之间的核对

总账全部账户的借方发生额合计数应与贷方发生额合计数核对相等，全部账户的借方余额合计数应与贷方余额合计数核对相等。

2. 总分类账簿与所属明细分类账簿之间的核对

总账的借方发生额、贷方发生额及余额应分别与所属的全部明细账的借方发生额合计数、贷方发生额合计数及余额合计数保持相等。

3. 总分类账簿与序时账簿之间的核对

"现金"总账、"银行存款"总账的余额应分别与"现金日记账""银行存款日记账"的余额相等。

4. 明细分类账簿之间的核对

财务部门的实物资产明细账簿记录应与财产物资保管和使用部门的有关账簿（册、卡）对应相符。

（三）账实核对

账实核对是指各种财产物资的账面余额与实存数据核对。账实核对是在账账核对的基础上，结合财产清查进行的，目的是保证账实相符。账实核对主要包括以下内容。

（1）现金日记账的账面余额与库存现金的实有数进行核对，保证账实相符。

（2）银行存款日记账应定期与银行对账单进行核对，防止差错。

（3）各项财产物资明细账账面余额与其实存数额核对相符。

（4）有关债权、债务明细账账面余额与对方单位的债权、债务账面记录核对相符。

二、结账

结账是一项将账簿记录定期结算清楚的账务工作。需要将一定时期内发生的全部经济业务登记入账，计算出本期借方发生额、贷方发生额和期末余额。结账前，一定要检查本期所发生的经济业务是否已全部入账，如查出有漏记、重记、错记的情况，应及时补记和更正。为了保证会计资料的真实可靠，不得提前或推后结账。结账方法一般采用划线结账法。月结时通栏划单红线，年结时通栏划双红线。

（一）月结

每月终了，应在各账簿记录的最后一笔经济业务下面通栏划单红线，结出本月借方发生额、贷方发生额和余额，在摘要栏内注明"本月合计"字样，并在下面通栏划单红线。

在实务中，对于本月只发生一笔经济业务的账簿，可简化结账手续，在本月经济业务记录下面通栏划单红线即可。

（二）年结

年度终了，所有账户结账时，应在 12 月月结的单红线下，计算出全年的借方发生额、贷方发生额和年末余额，并在摘要栏内注明“本年累计”字样，然后在年结数字下面通栏划双红线，表示年末封账。有余额的账户，应将其余额结转下年。在“本年累计”下面的摘要栏内注明“结转下年”。结账方法见表 6-14 所示。

表 6-14 总分类账

会计科目：应收账款

20××年		凭证编号	摘要	借方	贷方	借或贷	余额
月	日						
			上年结转			借	120 000
1	15	科汇 1	根据科汇 1—15 日汇总	63 000	78 000		
	31	科汇 2	根据科汇 16—31 日汇总	26 000	30 000		
			本月合计	89 000	108 000	借	101 000
2	15	科汇 1	根据科汇 1—15 日汇总	57 000	34 000		
12	31		本月合计	56 000	78 000	借	131 000
			本年累计	1 263 000	1 252 000	借	131 000
			转结下年				

--------表示单红线　　　　═══表示双红线

第六节 会计账簿的更换与保管

一、会计账簿的更换

为了保持账簿资料的连续性，每年年末都要更换新账。总账、日记账和大部分的明细账，每年更换一次，备查账簿可以连续使用。

会计账簿的更换通常在新会计年度建账时进行。年初将有余额的旧账账户年末余额直接转记到新账各账户的第一行余额栏中，并在摘要栏内加盖“上年结转”戳记。旧账余额过入新账时，无须编制记账凭证。

二、会计账簿的保管

年末结账后，会计人员应将活页账簿的空白账页抽出，并在填写齐全的“账簿启用及经营人员一览表”前加上封面，装订成册，经统一编号后，与各种订本账一起归档保管。

年度终了，各种账户在结转下年、建立新账后，一般应将旧账集中统一管理。会计账簿暂由本单位财会部门保管一年，期满后，由财务部门编造清册移交本单位的档案部门保管。

会计账簿是企业重要的会计档案和历史资料，必须妥善保管，不得丢失和随意销毁。根据国家《会计档案管理办法》规定各种账簿的保管年限应为 30 年，保管期满后，还要按照规定的审批程序经批准后才能销毁，具体事项可参阅本教材第十章第四节会计档案。

本章小结

通过本章的学习，系统掌握以下知识点。

本章内容	重要知识点
会计账簿概述	1. 含义：由一定格式的账页组成，用来连续、分类记录各项经济业务的簿籍 2. 分类：①按用途分：序时账、分类账和备查账 ② 按外表形式分：订本式、活页式和卡片式 ③ 按账页格式分：三栏式、多栏式、数量金额式、横线登记式
会计账簿的启用与记账规则	1. 会计账簿具有封面、扉页、账页3项基本内容 2. 启用时：登记账簿启用和经管人员一览表 3. 记账规则：准确完整、注明记账符号、书写留空、正常记账使用蓝黑墨水顺序连续登记、结出余额、过次承前、不得刮擦涂改
会计账簿的格式与登记方法	1. 日记账：现金、银行存款日记账采用订本式，逐日逐笔登记，日清月结 2. 分类账：①总分类账采用订本式，可逐笔登记或汇总登记 ② 明细分类账采用活页式，不同的明细账适用不同格式的明细账 3. 备查账：自行设计
错账的查找与更正方法	1. 错账的查找方法：顺查法、逆查法、重点抽查法、偶合法 2. 更正方法：划线更正法、红字更正法、补充登记法
对账与结账	对账：账证核对、账账核对、账实核对 结账：月结单红线，年结双红线
会计账簿的更换与保管	1. 更换：总账、日记账和大部分的明细账每年更换一次，备查账簿连续使用 2. 保管：暂由本单位财会部门保管1年，保管年限应为30年

第七章

财 产 清 查

学习目标

初步掌握财产清查的基本知识和技能；理解财产清查的含义、种类；熟悉各种实物资产、货币资金、债权债务的清查程序和方法；掌握财产物资的盘存制度。重点掌握财产清查的会计处理。

第一节　财产清查的意义和种类

一、财产清查的意义

财产清查就是通过对货币资金、存货、固定资产、债权债务等的盘点或核对，查明其实有数与账存数是否相符以及账实不符的原因，从而保证账实相符的一种会计核算方法。

在日常会计核算中，财务人员根据会计信息质量要求及会计核算程序，严格按照要求进行记账、算账、报账，真实地记录企业财产物资的增减变动及结余情况，以提供真实可靠的会计资料。尽管如此，在实际工作中也会出现账簿记录和财产物资的实有数不相符、有关账户之间的记录不一致的情形，从而影响到会计核算工作的质量。

造成账实不符的原因一般有以下几个方面。

(1) 各种财产物资在收发过程中，由于计量检验器具不准确或保管人员工作疏忽发生差错。

(2) 财产物资发生增减变动时，会计人员没有及时填制凭证登记入账或出现漏记、重记、多记、少记等错账现象。

(3) 由于规章制度不健全，管理不善或工作人员失职造成财产物资损坏、变质和短缺等差错。

(4) 不法分子贪污盗窃，营私舞弊而发生的财产损失。

(5) 自然灾害或人为事故造成财产损失。

(6) 其他原因造成财产损失或升溢。

为了掌握各项财产物资的真实情况，保证会计资料的准确可靠，保护财产物资的安全完整，有必要进行财产清查工作。

实务工作中，财产清查具有以下的重要作用。

(1) 保证会计信息真实可靠。通过财产清查可以查明各项财产物资的实存数与账存数是否相符，发现差异及时调整账面记录，达到账实相符，以保证会计资料的真实可靠，提高会计信息的有用性。

知识链接

《中华人民共和国会计法》第十七条明确指出："各单位应当定期将会计账簿记录与实物、款项及有关资料相互核对，保证会计账簿记录与实物及款项的实有数额相符、会计账簿记录与会计凭证的有关内容相符、会计账簿之间相对应的记录相符、会计账簿记录与会计报表的有关内容相符。"

（2）保护财产物资安全完整。通过财产清查可以及时查明各项财产物资有无毁损、短缺、变质等情况，及时发现问题，研究改进措施，消除不安全因素的隐患，切实保护财产物资完好无损。

（3）提高财产物资的使用效率。通过财产清查，能够掌握资产的使用情况，及时发现超储积压物资和未使用财产，充分挖掘现有财产物资的潜力，促进财产物资的有效使用。

（4）维护财经纪律。通过财产清查，可以检查财产物资的管理状况和往来款项的结算情况，发现是否有化公为私、营私舞弊等。有针对性地改进管理办法，建立健全有关管理制度，促使企业遵守财经纪律和结算纪律。

二、财产清查的分类

财产清查可以按照清查范围和清查时间进行分类。

（一）按清查的对象和范围不同，可分为全面清查和局部清查

1. 全面清查

全面清查是对企业的全部财产物资进行的盘点核对，全面清查的对象一般包括以下内容。

（1）固定资产、原材料、在产品、库存商品、在途物资、委托其他单位加工保管的物资、受托代管物资等。

（2）库存现金、银行存款、其他货币资金、股票、债券等。

（3）应收账款、应付账款、其他应收款、其他应付款、银行借款等各项往来结算款项。

全面清查涉及的范围广、内容多，投入的费用高且时间长，因此不宜经常进行。一般在下述情况下需要进行全面清查，以保证会计信息的真实与准确。

（1）年终决算前，为了保证决算资料的真实性，需要进行全面清查。

（2）单位破产、撤销、合并和改变隶属关系时，为了明确经济责任，需要进行全面清查。

（3）开展全面资产评估、清产核资前，需要进行全面清查。

（4）企业进行股份制改制前，需要进行全面清查。

（5）单位主要负责人调离工作岗位前，需要进行全面清查。

2. 局部清查

局部清查是根据需要只对部分财产进行的盘点核对。局部清查对象应根据管理的需要确定。局部清查一般限于流动性较大又易于损耗的物资和比较贵重的财产。如原材料、在产品、商品等财产物资，除了年终决算前进行全面清查外，还必须分类进行轮流盘点和抽查。局部清查一般包括以下内容。

（1）库存现金，应由出纳人员在每日业务终了后进行清点核对。

（2）银行存款和银行借款应由出纳人员至少每月同银行核对一次。

（3）对于原材料、产成品、在产品、在途材料以及各种贵重物资，每月应清查盘点一次。

（4）各种债权债务等结算款项，每年至少要同对方核对一至两次。

（二）按清查的时间不同，可分为定期清查和不定期清查

1. 定期清查

定期清查是按照有关制度中预先规定的时间进行的财产清查，这种清查一般是在月末、季末或年终结账前进行。定期清查可以是局部清查，也可以是全面清查。通常情况下，企业在年末进行全面清查，在月末、季末进行局部清查。

2. 不定期清查

不定期清查是事前不规定清查时间，而根据实际需要随时进行的清查，又称之为临时清查。一般在发生以下情况时进行。

（1）更换财产物资的经管人员，对其保管的财产进行清查，以明确经济责任。

（2）因自然灾害和意外事故致使财产物资受到非常损失。

（3）根据上级要求进行临时性财产核资工作。

（4）主管部门、财政审计和银行有关部门对单位会计工作进行检查。

（5）会计主体发生变化或隶属关系发生变动。

三、财产清查的一般程序

财产清查是一项涉及面广、工作量大、细致而又复杂的工作。为了保证财产清查工作的顺利进行，必须在进行清查工作前做好各项组织准备工作。

（一）成立财产清查小组

一般由单位领导、专业人员和职工组成财产清查小组，负责具体清查工作。

（二）制订财产清查工作计划

工作计划包括确定清查对象的范围，规定清查工作的时间和进度，明确具体清查工作人员的分工与责任，规定清查工作的数量指标与质量指标。

（三）组织清查人员学习

清查工作既是一种会计核算的专门方法，也是一项重要的企业管理工作。对清查工作人员应进行严肃认真的思想教育和必要的业务知识培训，使之树立高度的工作责任感和掌握一定的技术方法，以确保清查工作的质量。

（四）提供完整的账簿资料

在清查工作开始前，会计人员必须将所有财产物资的收发凭证进行整理入账并结出余额，认真核对账目，做到账证相符、账账相符，为检查是否账实相符提供准确的账簿记录。

（五）做好实物出资产的整理准备工作

财产物资的保管和使用部门应对实物财产存放现场进行必要的整理，使之编号贴签，整齐放置，并准备好用于清查工作的工具仪器和用于登记与核算的有关表格等。

第二节　财产清查的方法

一、财产物资的盘存制度

财产物资的盘存制度，有永续盘存制和实地盘存制。不同的财产物资盘存制度下，各项财

产物资在账簿中的记录方法是不同的。

（一）永续盘存制

永续盘存制又称账面盘存制，是指在日常会计核算中，对各项财产物资的增加、减少，都要根据有关凭证在财产物资明细账中进行连续登记，并随时结出余额，在财产清查时，将账面余额与财产物资的实地盘点数相核对的一种盘存制度。

永续盘存制下，期末账面结存数的计算公式为

期末结存数＝期初结存数＋本期收入数－本期发出数

永续盘存制的优点是可以通过账簿记录，随时了解各种财产物资的收入、发出和结存情况，便于从数量和金额两方面进行控制，有利于加强财产物资管理。永续盘存制手续严密，在控制和保护财产物资方面具有明显的优越性，除特殊情况外，企业一般都应采用这种盘存制度。其缺点是核算工作量较大，需要投入较多的人力和费用。

采用永续盘存制，能随时通过账簿记录掌握财产物资的结存数，但也会因为各种主客观因素，导致账存数与实存数不符的情况。因此，企业应定期或不定期进行实物资产盘点，确保财产物资账存数与实存数一致。

（二）实地盘存制

实地盘存制是指企业平时在财产账簿中只登记财产物资的增加数（收入数），不登记减少数（发出数）。到期末结账时，根据对财产物资进行实地盘点确定的实存数倒推出本期的减少数（发出数），并据以登记入账的一种盘存制度。

实地盘存制下，本期减少数的计算公式为

本期减少数＝期初结存数＋本期收入数－期末盘点实存数

实地盘存制的优点是核算工作简单，登记账簿的工作量小，但由于平时账面不登记减少数，不能随时反映财产物资的结存数量，同时手续不严密，以实存数倒推发出数，可能把财产物资的人为损耗隐含在发出数量之内，不利于加强财产物资的管理，没有特殊原因，一般企业不宜采用这种盘存制度。

二、财产清查的方法

（一）实物财产的清查

1. 实物财产的清查方法

实物财产清查是指对固定资产、原材料，在产品、产成品等实物资产，在数量上和质量上进行的清查。由于实物财产的形态、体积、重量及码放方式的不同，所以采用的清查方法也不同。主要有以下两种清查方法。

（1）实地盘点法

实地盘点法是指在财产物资的存放现场逐一清点数量或用计量仪器确定其实存数的一种方法。该方法数字准确可靠，适用范围较广，大多数财产物资清查均可采用这种方法。

（2）技术推算盘点法

技术推算法是指利用技术方法推算财产物资的实存数的方法。适用于一些体积较大、笨重及不宜逐一清点过磅的财产物资。

2. 实物财产清查的原始凭证

各种实物财产的盘点结果，应如实填制“盘存单”，如表 7-1 所示，并由盘点人员和保管人员签章。盘存单一般填制一式三份：一份由清点人员留存备查；一份交实物经管人员保存；一份交财会部门与账面记录相核对，作为进行账务处理的原始凭证。

表 7-1 盘 存 单

单位名称： 盘点时间： 编号：

财产类别： 存放地点：

编号	名称	计量单位	数量	单价	金额	备注

盘点人员签章： 保管人员签章：

为了查清盘点结果与账面记录是否一致，还需要根据“盘存单”和有关账簿记录，填制“账存实存对比表”，确定盘盈或盘亏，作为调整账簿记录的原始凭证，并据以分析差异原因，做出相应处理。账存实存对比表一般只列账实不符的物资，主要反映盘盈盘亏情况，因此一般也称为“盘盈盘亏报告表”。其格式如表 7-2 所示。

表 7-2 实存账存对比表

单位名称： 年 月 日

编号	名称	计量单位	单价	实存		账存		盘盈		盘亏		备注
				数量	金额	数量	金额	数量	金额	数量	金额	

填表人签章： 会计签章：

（二）库存现金的清查

库存现金清查应采用实地盘点法，先确定库存现金的实存数，再与现金日记账余额相核对，以查明账实是否相符。

库存现金的清查工作包括两方面的内容。

（1）由出纳人员每日清点库存现金的实有数，并与现金日记账余额相核对，这是经常性的现金清查工作，是现金出纳人员的分内职责。

（2）由专门的清查小组对库存现金进行定期或不定期清查。为了明确责任，清查小组对库存现金进行盘点时，出纳人员必须在场，现金由出纳人员亲手盘点，并与现金日记账余额核对，查明账实是否相符；清查小组人员负责监督，并检查是否有违反现金管理制度的情况，如库存现金是否超过规定的限额，是否按规定范围使用现金有无白条抵库等现象。

库存现金盘点结束后，应填写“库存现金盘点报告表”，并据以调整现金日记账的账面记录，确保账存数与实存数一致。“库存现金盘点报告表”格式见表 7-3 所示。

表 7-3 库存现金盘点报告表

年 月 日

实存金额	账存金额	对比结果		备注
		现金长款	现金短款	

盘点人(盖章)　　　　　　　　　　　　出纳员(签章)

上述对库存现金的清查方法,也适用于对各种有价证券的清查。

(三) 银行存款的清查

银行存款的清查方法与库存现金清查方法不同,应通过与开户银行核对账目的方法进行。在核对双方账目前,企业应检查银行存款账户记录是否完整正确,银行存款的收款凭证和付款凭证是否全部入账。在收到银行送来的对账单后,应将银行存款账户上的每笔业务与银行送来的对账单逐笔勾对。当发现双方账面余额不一致时,一方面可能是双方账簿记录发生错记漏记,应予以及时查清更正;另一方面则可能是由于双方凭证传递时间上的差异,而发生未达账项所致。

所谓未达账项是指由于收、付款结算凭证在企业与银行之间传递需要时间,导致一方已收到凭证已经入账;另一方没有接到凭证尚未入账的收付款项。

未达账项具体有以下 4 种情况。

(1) 企业已经收款入账,银行尚未收款入账。

(2) 企业已经付款入账,银行尚未付款入账。

(3) 银行已经收款入账,企业尚未收款入账。

(4) 银行已经付款入账,企业尚未付款入账。

对于发现的未达账项,企业应编制"银行存款余额调节表"进行调整。

【例 7-1】 甲公司 2016 年 6 月 30 日银行存款日记账余额为 612 000 元,银行对账单余额为 644 000 元,经逐笔核对,发现以下未达账项。

(1) 6 月 28 日,企业收到购货单位的转账支票 20 000 元,已送存银行并登记银行存款日记账,但银行尚未记账。

(2) 6 月 29 日,企业开出现金支票 8 000 元支付职工预借差旅费,企业已登记银行存款日记账,持票人尚未到银行取款,故银行尚未记账。

(3) 6 月 30 日,银行收到甲公司委托代收销货款 50 000 元,已登记入账,企业尚未收到收款通知而未记账。

(4) 6 月 30 日,银行计算企业应付借款利息 6 000 元,银行已划账,企业尚未收到付款通知而未记账。

编制"银行存款余额调节表"如表 7-4 所示。

表 7-4 银行存款余额调节表

2016 年 6 月 30 日　　　　　　　　单位:元

项　目	金额	项　目	金额
银行对账单余额	644 000	企业银行存款日记账余额	612 000
加(1)企业已收款,银行未收款	20 000	加(3)银行已收款,企业未收款	50 000
减(2)企业已付款,银行未付款	8 000	减(4)银行已付款,企业未付款	6 000
调节后的余额	656 000	调节后的余额	656 000

如果调节后的余额相等，说明双方不存在记账错误；如果调整后的余额仍不相等，说明双方存在记账错误，需要逐笔核对，及时更正。

调节后的余额表示企业可以动用的银行存款的实有数额。银行存款余额调节表不是原始凭证，不能作为调整账户的依据。对于银行已经入账，企业尚未入账的未达账项，企业应该在收到有关凭证后，再进行账务处理。

（四）往来款项的清查

往来款项主要包括应收款项和应付款项。往来款项的清查，应采用发函询证的方法进行核对。一般步骤如下。

（1）确定本单位往来款项账簿记录准确无误后，编制“往来款项对账单”，发往有关往来单位核对。“往来款项对账单”格式如表7-5所示。

表7-5 往来款项对账单

单位名称			
会计科目名称	截止日期	事项摘要	账面余额

（2）“往来款项对账单”一般为一式两联，其中一联作为回单，对方单位核对后在回单联上盖章，退回本单位；如果双方账目不符，对方单位应将有关情况在回单上注明。

（3）收到回单后，对于双方账目相符与不相符的往来款项，本单位应编制“往来款项清查表”。对于核对不相符的款项按有争议、未达账项、无法收回等情况进行归类合并，针对具体情况及时采取措施予以解决。“往来款项清查表”格式如表7-6所示。

表7-6 往来款项清查表

年 月 日

明细账户		清查结果		核对不符原因			备注
名称	余额	核对相符金额	核对不符金额	未达账项金额	有争议款项金额	其他	

清查人员（签章）　　　　记账人员（签章）

第三节 财产清查结果的处理

一、财产清查结果的处理程序

财产清查后，对于账实不符的实物财产、库存现金，应以“账存实存对比表”“库存现金盘点报告表”等凭证中的一联作为原始凭证，调整实物资产、库存现金、往来款项的账面记录，保证账存实存数额相等；同时将另一联记录交由领导审批，经领导批准后，根据批准的处理意见进行相应的会计处理。

二、财产清查账户的设置

为了核算企业在财产清查中发现的各种财产物资盘盈、盘亏和毁损，以及盘盈、盘亏、毁损的处理情况，企业应设置“待处理财产损溢”科目。

该科目属于资产类，借方登记各种财产物资的盘亏、毁损数及按规定批准转销的盘盈数；贷方登记各种财产物资的盘盈数及按规定批准转销的盘亏、毁损数。企业发生的各种盘盈、盘亏和毁损，应在期末结账前处理完毕，所以本科目期末无余额。该科目应设置“待处理固定资产损溢”和“待处理流动资产损溢”两个明细科目，分别核算固定资产和流动资产的盘盈、盘亏和毁损及其转销处理。

三、财产清查结果的账务处理

（一）库存现金清查结果的处理

1. 库存现金盘盈的账务处理

第一步，将库存现金盘盈资料上报领导，并根据“库存现金盘点报告表”调整账面记录，使库存现金的账存数等于实存数。借记“库存现金”科目，贷记“待处理财产损溢——待处理流动资产损溢”科目。

第二步，根据领导的审批意见，对盘盈的库存现金进行会计处理。借记“待处理财产损溢——待处理流动资产损溢”科目，如查明盘盈的现金属于应支付给有关人员或单位的，贷记“其他应付款”科目；如属于无法查明原因的，贷记“营业外收入”科目。

【例 7-2】 2016 年 6 月 28 日，甲公司在财产清查中发现库存现金溢余 1 500 元，经查属于应付职工张曙光的款项。甲公司应编制如下会计分录。

(1) 发现库存现金溢余

借：库存现金　　1 500

　贷：待处理财产损溢——待处理流动资产损溢　　1 500

(2) 根据领导的审批意见转销处理

借：待处理财产损溢——待处理流动资产损溢　　1 500

　贷：其他应付款——张曙光　　1 500

如果上述现金溢余无法查明原因，根据领导的审批意见，应作如下会计分录。

借：待处理财产损溢——待处理流动资产损溢　　1 500

　贷：营业外收入　　1 500

2. 库存现金盘亏的账务处理

第一步，将库存现金盘亏资料上报领导，并根据"库存现金盘点报告表"调整账面记录，使库存现金的账存数等于实存数。借记"待处理财产损溢——待处理流动资产损溢"科目，贷记"库存现金"科目。

第二步，根据领导的审批意见，对盘亏的库存现金进行会计处理。如现金盘亏应由有关责任人负责赔偿的，借记"其他应收款"科目；如属于无法查明原因的，应由企业负担损失的，借记"管理费用"科目，贷记"待处理财产损溢——待处理流动资产损溢"科目。

【例 7-3】 2016 年 3 月 30 日，甲公司在财产清查中发现库存现金短缺 520 元，经查属于出纳王芳工作疏忽所致，应由出纳负责赔偿。甲公司应编制如下会计分录。

(1) 发现库存现金短缺

借：待处理财产损溢——待处理流动资产损溢　　520

　贷：库存现金　　520

(2) 根据领导的审批意见转销处理

借：其他应收款——王芳　　520

　贷：待处理财产损溢——待处理流动资产损溢　　520

如上述现金短缺无法查明原因，根据领导的审批意见，应作如下会计分录。

借：管理费用　　520

　贷：待处理财产损溢——待处理流动资产损溢　　520

（二）存货清查结果的处理

存货主要是指企业的原材料、在产品、产成品、包装物、低值易耗品等。下面以原材料为例说明存货盘盈、盘亏或毁损的会计处理。

1. 存货盘盈的账务处理

第一步，将原材料的盘盈资料上报领导，并根据"账存实存对比表"调整账面记录，使的原材料账存数等于实存数。借记"原材料"科目，贷记"待处理财产损溢——待处理流动资产损溢"科目。

第二步，根据领导的审批意见，对盘盈的原材料进行会计处理。一般情况下，存货的盘盈计入当期损益，冲减"管理费用"。借记"待处理财产损溢——待处理流动资产损溢"科目，贷记"管理费用"科目。

【例 7-4】 2016 年 8 月 31 日，甲公司在财产清查中发现盘盈 A 材料 500 千克，实际单位成本为 60 元。经查明材料盘盈属于收发计量差错，经批准冲减管理费用。甲公司应编制如下会计分录。

(1) 发现原材料盘盈

借：原材料　　30 000

　贷：待处理财产损溢——待处理流动损溢　　30 000

(2) 根据领导的审批意见转销处理

借：待处理财产损溢——待处理流动资产损溢　　30 000

　贷：管理费用　　30 000

2. 存货盘亏、毁损的账务处理

第一步，将原材料的盘亏、毁损资料上报领导，并根据"账存实存对比表"调整账面记录，使原材料的账存数等于实存数。借记"待处理财产损溢——待处理流动资产损溢"科目，贷记"原材料”科目。

第二步，根据领导的审批意见，对盘亏、毁损的原材料进行会计处理。对于入库的残料，借记“原材料”科目，对于应由过失人或保险公司赔偿的部分，借记“其他应收款”科目，扣除残料和赔偿后的净损失，如属于管理不善、计量差错、定额内损耗等一般经营损失，借记“管理费用”科目，如属于因自然灾害等造成的非常损失，借记“营业外支出”科目，贷记“待处理财产损溢——待处理固定资产损溢”科目。

【例 7-5】 甲公司 2015 年末财产清查中发现毁损 B 材料 1 000 千克，实际单位成本为 30 元，经查属于材料保管员过失造成，残料 2 000 元已入库，经批准由保管员赔偿 20 000 元，其余净损失由企业负担(假定不考虑相关税费)。甲公司应编制如下会计分录。

(1) 发现原材料毁损

借：待处理财产损溢——待处理流动资产损溢　　30 000

　贷：原材料　　30 000

(2) 根据领导的审批意见转销处理

借：其他应收款——保管员　　20 000

　　原材料　　2 000

　　管理费用　　8 000

　贷：待处理财产损溢——待处理流动资产损溢　　30 000

如上述材料因洪灾导致毁损，残料 2 000 元已入库，经批准其余净损失计入“营业外支出”。甲公司转销的会计分录如下。

借：原材料　　2 000

　　营业外支出　　28 000

　贷：待处理财产损溢——待处理流动资产损溢　　30 000

(三) 固定资产清查结果的处理

1. 固定资产盘盈的账务处理

财产清查中发现的固定资产盘盈，应作为前期差错，通过“以前年度损益调整”科目核算，不通过“待处理财产损溢”科目核算。具体的核算方法在《财务会计》中学习。

2. 固定资产盘亏、毁损的账务处理

第一步，将固定资产的盘亏、毁损资料上报领导，并根据“账存实存对比表”调整账面记录，使固定资产的账存数等于实存数。借记“待处理财产损溢——待处理固定资产损溢”科目，借记“累计折旧”科目，贷记“固定资产”科目。

第二步，根据领导的审批意见，对盘亏、毁损的固定资产进行会计处理。对于应由过失人或保险公司赔偿的部分，借记“其他应收款”科目，扣除赔偿后的净损失，借记“营业外支出”科目，贷记“待处理财产损溢——待处理固定资产损溢”科目。

【例 7-6】 甲公司 2015 年年末财产清查中发现短缺设备 1 台，该设备原价为 100 000 元，累计已提折旧 30 000 元，经查原因不明。甲公司应编制如下会计分录。

(1) 发现设备短缺

借：待处理财产损溢——待处理固定资产损溢　　70 000

　　累计折旧　　30 000

　贷：固定资产　　100 000

（2）根据领导的审批意见转销处理

借：营业外支出　　　　　　　　　　　　　　　　　　70 000

　贷：待处理财产损溢——待处理固定资产损溢　　　　　　　70 000

本章小结

通过本章的学习，系统掌握以下知识点。

<table>
<tr><th>本章内容</th><th colspan="3">相关知识点</th></tr>
<tr><td>相关概念</td><td colspan="3">1. 财产清查的概念
2. 财产清查的种类
（1）按照清查范围和对象分类：全面清查和局部清查
（2）按照清查时间分类：定期清查和不定期清查
3. 财产清查的方法
（1）库存现金：实地盘点法
（2）银行存款：核对银行存款日记账和银行对账单
（3）实物资产：实地盘点法、技术推算法
（4）往来款项：函证法
4. 财产物资的盘存制度及不同盘存制度下实物资产明细账的登记方法
（1）实地盘存制：平时只登记增加数，不登记减少数，期末通过实地盘点，确定期末结存数，倒推本期减少数
（2）永续盘存制：平时即登记增加数，也登记减少数，并随时结出余额，期末通过实地盘点，确定实存数是否等于账存数</td></tr>
<tr><td>账务处理</td><td colspan="3">1. 核算财产物资盘盈、盘亏的账户
“待处理财产损溢——待处理固定资产损溢”
“待处理财产损溢——待处理流动资产损溢”
2. 财产清查会计处理的程序
（1）发现盘盈盘亏，根据有关原始凭证，调整账面记录，使账存数等于实存数，并报领导审批
（2）根据领导的审批意见，转销处理</td></tr>
<tr><td rowspan="4">批准转销处理可能涉及的会计科目</td><td>资产项目</td><td>盘盈</td><td>盘亏</td></tr>
<tr><td>库存现金</td><td>“其他应付款”“营业外收入”</td><td>“其他应收款”“管理费用”</td></tr>
<tr><td>存货</td><td>“管理费用”（冲减）</td><td>“原材料”
“其他应收款”
“管理费用”或“营业外支出”</td></tr>
<tr><td>固定资产</td><td>作为前期会计差错处理</td><td>“营业外支出”</td></tr>
</table>

第八章

财 务 报 告

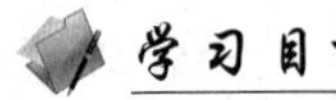

学习目标

了解财务报告的概念；了解会计报表的作用、种类和编制要求；掌握资产负债表的编制原理和基本编制方法；掌握利润表的编制原理和基本编制方法；了解所有者权益变动表、现金流量表和报表附注的基本内容。

重点掌握资产负债表的编制和利润表的编制。

第一节　财务报告概述

一、财务报告的含义

财务报告（又称财务会计报告）是指企业对外提供的反映企业某一特定日期的财务状况和某一会计期间的经营成果、现金流量等会计信息的文件。财务报告是一个系统性的文件，不是零星或不完整的信息。财务报告包括财务报表和其他应当在财务报告中披露的相关信息和资料（具体由法律规定和使用者需求而定，如披露企业承担的社会责任、对社区的贡献、可持续发展能力等信息）。

财务报表是对企业财务状况、经营成果和现金流量的结构性表述，财务报表由报表本身及其附注两部分构成。

我国《企业会计准则第 30 号——财务报表列报》规定："财务报表至少应当包括资产负债表、利润表、现金流量表、所有者权益（或股东权益）变动表和报表附注。"小企业编制的报表可以不包括现金流量表。企业的净利润及其分配情况作为所有者权益变动的组成部分，不需要单独设置利润分配表列示。

知识链接

关于小企业

这里的"小企业"是指在中华人民共和国境内设立的不对外筹集资金、经营规模较小的企业。所称"不对外筹集资金、经营规模较小的企业"，是指不公开发行股票或债券，符合原国家经济贸易委员会、原国家发展计划委员会、财政部、国家统计局 2003 年制定的《中小企业标准暂行规定》（国经贸中小企〔2003〕143 号）中界定的小企业，不包括以个人独资及合伙形式设立的小企业。

财务报告是企业根据日常的会计核算资料归集、加工和汇总后形成的，是企业会计核算的最终成果。在资产负债表中，企业应根据账簿上记录的资料，按照规定的报表格式、内容和编制方法，做出进一步的归集、加工和汇总，编制成相应的会计报表，全面、综合的反映企业的财务状况、经营成果和现金流量情况，为有关各方面提供全面的信息。

二、财务报告的目标

我国《企业会计准则——基本准则》将财务报告目标明确定位为“保护投资者利益、满足投资者信息需求”。企业编制财务报告的主要目的是向财务报告使用者提供与企业财务状况、经营成果和现金流量等有关的会计信息，反映企业管理层受托责任履行情况，有助于财务报告使用者做出经济决策。

财务报告使用者通常包括投资者、债权人、政府及其相关部门、企业管理人员、职工和社会公众等。不同的报表使用者对财务会计报告所提供信息的需求各有侧重。

投资人（股东）主要关注投资的内在风险和投资报酬，他们需要会计信息来帮助他们评估企业的支付能力，帮助他们做出决策，如决定是否买进、持有或卖出企业的股票或股权，充分保护投资者利益是市场经济发展的必然。

债权人主要关注企业的偿债能力和财务风险。他们需要信息来分析其提供给企业的资金是否安全，债权能否按期如数收回。

政府及其相关部门作为经济管理和经济监督部门，主要关注国家资源分配的公平、合理，市场经济秩序的公正、有序，需要了解与经济政策（如税收政策）的制定、国民收入的统计等有关方面的信息。

企业管理人员主要关注的是企业财务状况的好坏、经营业绩的大小以及现金的流动情况，以便确保妥善保管并合理、有效运用企业资产。

企业职工主要关注的是企业为其所提供的就业机会及其稳定性、劳动报酬高低和职工福利等方面的信息。

社会公众主要关注企业的兴衰及其发展情况，包括对所在地区经济做出的贡献。

财务报告是向投资者等财务报告使用者提供决策有用信息的媒介和渠道，是沟通投资者、债权人等使用者与企业管理层之间信息的桥梁和纽带。企业应当定期编报财务报告。

三、财务报告编制的基本要求

(1) 企业应当以持续经营为基础，根据实际发生的交易和事项，按照《企业会计准则——基本准则》和其他各项会计准则的规定进行确认和计量，在此基础上编制财务报表。如果对企业的持续经营能力产生重大怀疑，应当在附注中披露导致对持续经营能力产生重大怀疑的影响因素。企业正式决定或被迫在当期或将在下一个会计期间进行清算或停止营业的，表明其处于非持续经营状态，应当采用其他基础编制财务报表，并在附注中声明财务报表未以持续经营为基础列报，并披露未以持续经营为基础的原因和财务报表的编制基础。

(2) 财务报表项目的列报应当在各个会计期间保持一致，不得随意变更，但下列情况除外。

① 会计准则要求改变财务报表项目的列报。

② 企业经营业务的性质发生重大变化后，变更财务报表项目的列报能够提供更可靠、更相关的会计信息。

(3) 在编制册报表的过程中，企业应当考虑报表项目的重要性。对于性质与功能不同的项目,如长期股权投资、固定资产等,应当在财务报表中单独列报,但不具有重要性的项目除外;对于性质或功能类似的项目,如库存商品、原材料等,应当予以合并,作为存货项目列报。重要性是指财务报表某项目的省略或错报会影响使用者据此做出经济决策的,该项目具有重要性。

(4) 财务报表中的资产项目和负债项目的金额、收入项目和费用项目的金额不得相互抵销,但满足抵销条件的除外。下列情况不属于抵销,可以以净额列示。

① 资产项目按扣除减值准备后的净额列示,不属于抵销。对资产计提减值准备,表明资产的价值已经发生减损,按扣除减值准备后的净额列示,能够反映资产给企业带来的经济利益,不属于抵销。

② 非日常活动产生的损益,以收入扣减费用后的净额列示,不属于抵销。非日常活动的发生具有偶然性,不是企业的经常性活动以及与经常性活动相关的其他活动。非日常活动产生的损益以收入扣减费用后的净额列示,更有利于财务报表使用者的经济决策,不属于抵销。

(5) 当期财务报表的列报,至少应当提供所有列报项目上一个可比会计期间的比较数据,以及与理解当期财务报表相关的说明,但另有规定的除外。

财务报表项目的列报发生变更的,应当对上期比较数据按照当期的列报要求进行调整,并在附注中披露调整的原因和性质,以及调整的各项目金额。对上期比较数据进行调整不切实可行的,应当在附注中披露不能调整的原因。

(6) 企业应当在财务报表的显著位置至少披露下列各项。

① 编报企业的名称。

② 资产负债表或财务报表涵盖的会计期间。

③ 人民币金额单位。

④ 财务报表是合并财务报表的,应当予以标明。

(7) 企业至少应当按年编制财务报表。年度财务报表涵盖的期间短于一年的,应当披露年度财务报表的涵盖期间,以及短于一年的原因。

四、财务报表的种类

财务报表可以按照不同的标注进行分类。

(一) 按照财务报表编报的时间分类

1. 中期财务报表

中期财务报表是以短于一个完整会计年度的报告期间为基础编制的财务报表,包括月报、季报和半年报。中期财务报表主要包括资产负债表、利润表。

2. 年度财务报表

年度财务报表是指企业于每个会计年度末编制的会计报表,主要包括资产负债表、利润表、现金流量表。

(二) 按照财务报表所反映的资金运动状况分类

1. 静态报表

静态报表是反映企业在某一时点财务状况的报表,如资产负债表。

2. 动态报表

动态报表是反映企业在一定时期内经营成果和现金流量的报表,如利润表和现金流量表。

（三）按照财务报表编报的主体分类

1. 个别财务报表

个别财务报表是由企业在自身会计核算基础上对账簿记录进行加工而编制的报表，主要反映企业自身的财务状况、经营成果和现金流量情况。

2. 合并财务报表

合并财务报表是以母公司和子公司组成的企业集团为会计主体，根据母公司和所属子公司的个别财务报表，由母公司编制的综合反映企业集团财务状况、经营成果和现金流量的财务报表。

第二节　资产负债表

一、资产负债表概述

资产负债表是反映企业在某一特定日期财务状况的报表，即反映企业在某一特定日期所拥有或控制的经济资源、所承担的现时义务和所有者对净资产的要求权。该报表满足“资产＝负债＋所有者权益”这一会计平衡式。资产负债表可以给报表使用者提供有关企业的如下信息。

(1) 提供企业某一特定日期资产、负债和所有者权益的金额及其结构，表明企业拥有或控制的资源及其分布情况，即有多少资产是流动资产、有多少资产是长期股权投资、有多少资产是固定资产等。

(2) 提供企业某一特定日期的负债总额及其结构，表明企业未来需要用多少资产或劳务清偿债务以及清偿时间，即流动负债有多少、非流动负债有多少、非流动负债中有多少需要用当期流动资金进行偿还等，有助于使用者评价企业资产的质量以及短期偿债能力、长期偿债能力。

(3) 反映企业所有者所拥有的权益，据以判断资本保值、增值情况以及负债保障程度。

(4) 提供进行财务分析的基本资料，如将流动资产与流动负债进行比较，计算出流动比率；将速动资产与流动负债进行比较，计算出速动比率等；可以表明企业的变现能力、偿债能力和资金周转能力，从而有助于会计报表使用者做出经济决策。

二、资产负债表的内容和格式

资产负债表根据资产、负债、所有者权益之间的钩稽关系，按照一定的分类标准和顺序把企业一定日期的资产、负债和所有者权益各项目予以适当排列，反映的是企业资产、负责、所有者权益的总体规模和结构。其中，资产按照流动性分为流动资产和非流动资产；负债按照流动性分为流动负债和非流动负债；所有者权益包括实收资本（或股本）、资本公积、盈余公积和未分配利润。

资产负债表一般有表首、正表两部分，表首概括说明报表名称、编制单位、编制日期、报表编号、货币名称、计量单位等；正表列示了用以说明企业财务状况的项目。

资产负债表正表的格式一般有报告式和账户式两种。报告式资产负债表是上下结构，上半部列示资产，下半部列示负债和所有者权益。账户式资产负债表是左右结构，左边列示资产，右边列示负债和所有者权益。资产各项目的合计等于负债和所有者权益各项目的合计，即满足会计平衡式的要求。

在我国，《企业会计准则》规定我国资产负债表采用账户式。资产负债表格式见表 8-1。

表 8-1　资产负债表

会企 01 表

编制单位：　　　　　　　　　　年　月　日　　　　　　　　　　单位：元

资　　产	期末余额	年初余额	负债和所有者权益（或股东权益）	期末余额	年初余额
流动资产			流动负债		
货币资金			短期借款		
公允价值计量且其变动计入当期损益的金融资产			公允价值计量且其变动计入当期损益的金融负债		
应收票据			应付票据		
应收账款			应付账款		
预付款项			预收款项		
应收利息			应付职工薪酬		
应收股利			应交税费		
其他应收款			应付利息		
存货			应付股利		
一年内到期的非流动资产			其他应付款		
其他流动资产			一年内到期的非流动负债		
流动资产合计			其他流动负债		
非流动资产			·流动负债合计		
可供出售金融资产			非流动负债		
持有至到期投资			长期借款		
长期应收款			应付债券		
长期股权投资			长期应付款		
投资性房地产			专项应付款		
固定资产			预计负债		
在建工程			递延收益		
工程物资			递延所得税负债		
固定资产清理			其他非流动负债		
生产性生物资产			非流动负债合计		
油气资产			负债合计		
无形资产			所有者权益（或股东权益）		
开发支出			实收资本（或股本）		
商誉			资本公积		
长期待摊费用			减：库存股		
递延所得税资产			其他综合收益		
其他非流动资产			盈余公积		
非流动资产合计			未分配利润		
			所有者权益（股东权益）合计		
资产总计			负债和所有者权益（或股东权益）总计		

三、资产负债表的编制方法

会计报表的编制，主要是通过对日常会计核算记录的数据加以归集、整理，使之成为有用的财务信息。

资产负债表包括“年初余额”和“期末余额”两栏，应分别填列。

（一）“年初余额”的填列

资产负债表的“年初余额”栏内各项数字，根据上年末资产负债表“期末余额”栏内各项数字填列。如果本年度表中各个项目的名称和内容与上年度不一致，应对上年年末资产负债表各项目的名称和数据按照本年度的规定进行调整，按调整后的数据填列。

（二）“期末余额”的填列

资产负债表的“期末余额”栏内各项数字来源于有关账户结账后的期末余额。主要通过以下几种方式取得。

（1）根据总账科目余额直接填列。如“应收股利”项目，根据“应收股利”总账科目的期末余额直接填列；“短期借款”项目，根据“短期借款”总账科目的期末余额直接填列。

（2）根据总账科目余额计算填列。如“货币资金”项目，根据“现金”“银行存款”“其他货币资金”科目的期末余额合计数计算填列。

（3）根据明细科目余额计算填列。如“应付账款”项目，根据“应付账款”“预付账款”科目所属相关明细科目的期末贷方余额计算填列。

（4）根据总账科目和明细科目余额分析计算填列。如“长期借款”项目，根据“长期借款”总账科目期末余额，扣除“长期借款”科目所属明细科目中反映的、将于一年内到期的长期借款部分，分析计算填列。

（5）根据科目余额减去其备抵项目后的净额填列。如“无形资产”项目，根据“无形资产”科目的期末余额，减去“无形资产减值准备”备抵科目余额后的净额填列。

现将资产负债表中部分项目期末余额的填列具体说明如下。

（1）“货币资金”项目，反映企业库存现金、银行存款、外埠存款、银行汇票存款、银行本票存款等的合计数。本项目应根据“库存现金”“银行存款”和“其他货币资金”科目的期末余额合计填列。

“货币资金”项目＝“库存现金”＋“银行存款”＋“其他货币资金”

（2）“以公允价值计量且其变动计入当期损益的金融资产”项目，反映企业持有的以公允价值计量且其变动计入当期损益为目的债券投资、股票投资、基金投资等金融资产。本项目应根据“交易性金融资产”科目和在初始确认时指定为以公允价值且其变动计入当期损益的金融资产科目的期末余额填列。

（3）“应收票据”项目，反映企业收到的未到期且未向银行贴现的应收票据，包括商业承兑汇票和银行承兑汇票。本项目应根据“应收票据”科目的期末余额，减去“坏账准备”科目中有关应收票据计提的坏账准备期末余额后的金额填列。

（4）“应收账款”项目，反映企业因销售商品、提供劳务等应向购买单位收取的各种款项，减去已计提的坏账准备后的净额。本项目应该很“应收账款”和“预收账款”科目所属明细账的期末借方余额合计，减去“坏账准备”科目中有关应收账款计提的坏账准备期末余额后的金额填列。如果“应收账款”科目所属明细账期末有贷方余额，则应在本表“预收账款”项目中填列。

$$\text{“应收账款”项目}=\text{“应收账款”科目所属明细账借方余额}+\text{“预收账款”科目所属明细账借方余额}-\text{“坏账准备——应收账款”余额}$$

(5)“预付款项”项目，反映企业预付给供应单位的款项。本项目应根据“预付账款”科目和“应付账款”所属各明细科目的期末借方余额合计填列。如果“预付账款”科目所属有关明细科目期末有贷方余额的，则应在本表“应付账款”项目内填列。

$$\text{“预付款项”项目}=\text{“预付账款”科目所属明细账借方余额}+\text{“应付账款”科目所属明细账借方余额}-\text{“坏账准备——预付账款”余额}$$

(6)“应收利息”项目，反映企业因债权投资而应收取的利息。企业购入到期还本付息债券应收的利息不包括在本项目内。本项目应根据“应收利息”科目的期末余额，减去“坏账准备”科目中有关应收利息计提的坏账准备期末余额后的金额填列。

(7)“应收股利”项目，反映企业因股权投资而应收取的现金股利，企业应收其他单位的利润也包括在本项目内。本项目应根据“应收股利”科目的期末余额，减去“坏账准备”科目中有关应收股利计提的坏账准备期末余额后的金额填列。

(8)“其他应收款”项目，反映企业对其他单位和个人的应收和暂付的款项，减去已计提的坏账准备后的净额。本项目应根据“其他应收款”科目的期末余额，减去“坏账准备”科目中有关其他应收款计提的坏账准备期末余额后的金额填列。

(9)“存货”项目，反映企业期末库存、在途和加工中的各项存货的可变现净值，包括各种材料、商品、在产品、包装物、低值易耗品、分期收款发出商品、委托代销商品粮、受托代销商品等。本项目应根据“在途物资”“材料采购”“原材料”“材料成本差异”“库存商品”“周转材料”“委托加工物资”“委托代销商品”“受托代销商品”“生产成本”等科目的期末余额合计，减去“受托代销商品款”“存货跌价准备”科目期末余额后的金额填列。

(10)“一年内到期的非流动资产”项目，反映将于 1 年内(含 1 年)到期的非流动资产。本项目应根据“长期待摊费用”等非流动资产科目分析填列。

(11)“长期股权投资”项目，反映企业长期股权投资的可收回金额。本项目应根据“长期股权投资”科目的期末余额，减去“长期股权投资减值准备”科目期末余额后的金额填列。

(12)“固定资产”项目，反映企业的各种固定资产原价减去累计折旧和固定资产减值准备后的账面价值。融资租入的固定资产也包括在内。本项目应根据“固定资产”“累计折旧”和“固定资产减值准备”科目的期末余额计算填列。

(13)“在建工程”项目，反映企业期末各项未完工程的实际支出，包括交付安装的设备价值，未完建筑安装工程已经耗用的材料、工资和费用支出，预付出包工程的价款、已经建筑安装完毕但尚未交付使用的工程等的可收回金额。本项目应根据“在建工程”科目的期末余额，减去“在建工程减值准备”科目期末余额后的金额填列。

(14)“固定资产清理”项目，反映企业因出售、毁损、报废等原因转入清理但尚未清理完毕的固定资产的账面价值，以及固定资产清理过程中所发生的清理费用和变价收入等各项金额的差额。本项目应根据“固定资产清理”科目的期末借方余额填列；如果“固定资产清理”科目期末为贷方余额，则以“—”号填列。

(15)“无形资产”项目，反映企业各项无形资产的期末账面价值。本项目应根据“无形资产”科目的期末余额，减去“无形资产减值准备”科目期末余额后的金额填列。

(16)“长期待摊费用”项目，反映企业尚未摊销的摊销期限在1年以上(不含1年)的各种费用。如果“长期待摊费用”科目中包含摊销期限在1年以内(含1年)的项目，则应在“1年内到期的非流动资产”项目中填列。“长期待摊费用”项目应根据“长期待摊费用”科目期末余额减去将于1年内(含1年)摊销完毕的项目金额后的余额填列。

(17)“短期借款”项目，反映企业借入尚未归还的1年期以下(含1年)的借款。本项目应根据“短期借款”科目的期末余额填列。

(18)“应付票据”项目，反映企业因购买货物或接受劳务等而开出并承兑的尚未到期付款的应付票据，包括银行承兑汇票和商业承兑汇票。本项目应根据“应付票据”科目的期末余额填列。

(19)“应付账款”项目，反映企业购买原材料、商品和接受劳务供应等而应付给供应单位的款项。本项目应根据“应付账款”和“预付账款”科目所属各有关明细科目的期末贷方余额合计填列。如果“应付账款”科目所属各明细期末有借方余额，则应在本表“预付账款”项目内填列。

“应付账款”项目＝“应付账款”科目所属明细账贷方余额＋“预付账款”科目所属明细账贷方余额

(20)“预收款项”项目，反映企业预收购货单位的账款。本项目应根据“预收账款”和“应收账款”科目所属各有关明细科目的期末贷方余额合计填列。如果“预收账款”科目所属有关明细科目有借方余额，则应在本表“应收账款”项目内填列。

“预收款项”项目＝“预收账款”科目所属明细账贷方余额＋“应收账款”科目所属明细账贷方余额

(21)“应付职工薪酬”项目，反映企业为获得职工提供的服务而给予的各种形式的报酬，包括应付给职工的工资、职工福利、社会保险、住房公积金、工会经费、职工教育经费等。外商投资企业按规定从净利润中提取的职工奖励及福利基金也在本项目列示。本项目应根据“应付职工薪酬”科目期末贷方余额填列。如果“应付职工薪酬”科目期末有借方余额，则以“－”号填列。

(22)“应交税费”项目，反映企业按税法规定计算应交纳的各种税费，包括增值税、营业税、消费税、所得税、资源税、土地增值税、城市维护建设税、房产税、土地使用税、教育费附加等。本项目应根据“应交税费”科目的期末贷方余额合计填列。如果“应交税费”科目期末为借方余额，则以“－”号填列。

(23)“应付利息”项目，反映企业按照规定应当支付的利息，包括分期付息到期还本的长期借款应支付的利息、企业发行债券应支付的利息等。本项目根据“应付利息”科目期末余额填列。

(24)“应付股利”项目，反映企业已宣告但尚未支付的现金股利或利润。企业分配的股票股利不通过本项目列示。本项目应根据“应付股利”科目的期末余额填列。

(25)“其他应付款”项目，反映企业所有应付和暂收其他单位和个人的款项。本项目应根据“其他应付款”科目的期末余额填列。

(26)“一年内到期的非流动负债”项目，反映企业将于1年内(含1年)到期的非流动负债。

本项目应当根据“长期借款”“长期应付款”“应付债券”等非流动负债科目分析计算填列。

(27)“长期借款”项目，反映企业借入尚未归还的1年期以上(不含1年)的借款本息。如果“长期借款”科目中包含归还期限在1年以内的项目，则应在“一年内到期的非流动负债”项目中单独反映。“长期借款”项目应根据“长期借款”科目的期末余额减去将于1年内(含1年)到期偿还数后的余额填列。

(28)“应付债券”项目，反映企业发行的尚未偿还的各种长期债券的本息。如果“应付债券”科目中包含归还期限在1年以内的项目，则应在“一年内到期的非流动负债”项目中单独反映。“应付债券”项目应根据“应付债券”科目的期末余额减去将于1年内(含1年)到期偿还数后的余额填列。

(29)“实收资本(或股本)”项目，反映企业各投资者实际投入的资本(或股本)总额。本项目应根据“实收资本(或股本)”科目的期末借方余额填列。

(30)“资本公积”项目，反映企业资本公积的期末余额。本项目应根据“资本公积”科目的期末余额填列。

(31)“其他综合收益”项目，反映企业其他综合收益的期末余额。本项目应根据“其他综合收益”科目的期末余额填列。

(32)“盈余公积”项目，反映企业盈余公积的期末余额。本项目应根据“盈余公积”科目的期末余额填列。

(33)“未分配利润”项目，反映企业尚未分配的利润。编制中期报表时，本项目应根据“本年利润”科目和“利润分配”科目的余额计算填列；编制年度报表时，本项目应根据“利润分配”科目的余额直接填列。若计算的结果是未分配的利润，则在本项目内以“+”号填列；若计算的结果是未弥补的亏损，则在本项目内以“—”号填列。

四、资产负债表编制举例

【例8-1】 根据所给资料编制资产负债表。

(1) 甲公司2015年12月有关账户的期末余额，见表8-2。

表8-2　2015年12月有关账户期末余额表　　单位：元

科　目	借方余额	贷方余额	科　目	借方余额	贷方余额
库存现金	7 488		短期借款		400 000
银行存款	280 115.20		应付票据		9 800
应收账款	102 867.20		应付账款		52 416
其他应收款	4 960		应付职工薪酬		2 628.80
原材料	18 752		应付利息		8 000
库存商品	545 304.80		实收资本		800 000
固定资产	320 000		盈余公积		1 446.40
累计折旧		4 032	利润分配		1 164
合　　计	1 279 487.20	4 032	合 计		1 275 455.20

(2) 甲公司 2016 年 5 月 30 日有关科目试算平衡表，见表 8-3。

表 8-3　试算平衡表

2016 年 5 月 30 日　　单位：元

科　　目	期初余额		本期发生额		期末余额	
	借　方	贷　方	借　方	贷　方	借　方	贷　方
库存现金	9 360		502 500	509 500	2 360	
银行存款	350 144		1 780 900	712 650	1 418 394	
应收票据			117 000		117 000	
预付账款			17 550	17 550		
应收账款	128 584		234 000	234 000	128 584	
其他应收款	6 200		8 000	8 000	6 200	
材料采购			30 000	30 000		
原材料	23 440		65 500	38 000	50 940	
库存商品	681 631		591 900	150 000	1 123 531	
生产成本			591 900	591 900		
制造费用			145 100	145 100		
固定资产	400 000		450 000		850 000	
累计折旧		5 040		10 000		15 040
短期借款		500 000		600 000		1 100 000
应付票据		12 250		23 900		3 6150
应付账款		65 520	23 900	23 900		65 520
预收账款			81 900	81 900		
应付职工薪酬		3 286	500 000	570 000		73 286
应交税费			11 050	88 513.75		77 463.75
应付利息		10 000		5 000		15 000
应付股利				20 000		20 000
实收资本		1 000 000		1 250 000		2 250 000
盈余公积		1 808		6 128.63		7 936.63
本年利润			437 000	437 000		
利润分配		1 455	26 128.63	61 286.25		36 612.62
合 计	1 599 359	1 599 359	5 614 328.63	5 614 328.63	3 697 009	3 697 009

（3）编制甲公司2016年5月30日资产负债表，见表8-4。

表8-4 资产负债表

会企01表

编制单位：甲公司　　2016年5月30日　　单位：元

资　产	期末余额	年初余额	负债和所有者权益（或股东权益）	期末余额	年初余额
流动资产：			流动负债：		
货币资金	1 420 754	287 603.20	短期借款	1 100 000	400 000
交易性金融资产			应付票据	36 150	9 800
应收票据	117 000		应付账款	65 520	52 416
应收账款	128 584	102 867.20	预收账款		
预付账款			应付职工薪酬	73 286	2 628.80
应收利息			应交税费	77 463.75	
应收股利			应付利息	15 000	8 000
其他应收款	6 200	4 960	应付股利	20 000	
存货	1 174 471	564 056.80	其他应付款		
一年内到期的非流动资产			1年内到期的非流动负债		
流动资产合计	2 847 009	959 487.20	流动负债合计	1 387 419.75	472 844.80
非流动资产：			非流动负债：		
可供出售金融资产			长期借款		
持有至到期投资			应付债券		
长期应收款			长期应付款		
长期股权投资			预计负债		
固定资产	834 960	315 968	递延所得税负债		
在建工程			非流动负债合计		
工程物资			负债总计	1 387 419.75	472 844.80
固定资产清理			所有者权益（或股东权益）：		
无形资产			实收资本（或股本）	2 250 000	800 000
开发支出			资本公积		
商誉			减：库存股		
长期待摊费用			其他综合收益		
递延所得税资产			盈余公积	7 936.63	1 446.40
非流动资产合计	834 960	315 968	未分配利润	36 612.62	1 164
			所有者权益（或股东权益）合计	2 294 549.25	
资产总计	3 681 969	1 275 455.20	负债和所有者权益（或股东权益）总计	3 681 969	1 275 455.20

第三节　利　润　表

一、利润表概述

利润表是反映企业在一定会计期间经营成果的报表，利润表也称损益表、收益表。编制利润表的目的是如实反映企业实现的收入、发生的费用以及应当计入当期利润的利得和损失等金额及其结构情况，帮助使用者分析和评价企业的盈利能力、利润构成及其质量。利润表包括的项目有营业利润、利润总额、净利润、其他综合收益、综合收益总额和每股收益等。

通过利润表，可以给报表使用者提供有关企业的如下信息。

(1) 可以反映企业一定会计期间的收入实现情况，即实现的主营业务收入有多少、实现的其他业务收入有多少、实现的投资收益有多少、实现的营业外收入有多少等。

(2) 可以反映一定会计期间的费用耗费情况，即耗费的主营业务成本有多少、主营业务税金有多少、营业费用、管理费用、财务费用各有多少、营业外支出有多少等。

(3) 可以反映企业生产经营活动的成果，即净利润的实现情况，据以判断资本保值、增值情况。

(4) 将利润表中的信息与资产负债表中的信息相结合，还可以提供进行财务分析的基本资料，如将赊销收入净额与应收账款平均余额进行比较，计算出应收账款周转率；将销货成本与存货平均余额进行比较，计算出存货周转率；将净利润与资产总额进行比较，计算出资产收益率等，可以表现企业资金周转情况以及企业的盈利能力和水平，便于会计报表使用者判断企业未来的发展趋势，做出经济决策。

二、利润表的内容和格式

利润表根据收入、费用和利润之间的钩稽关系，按照利润形成的过程顺序排列。利润表分项列示了企业在一定会计期间因销售商品、提供劳务、对外投资等所取得的各种收入以及与各种收入相对应的费用、成本，并将收入与费用、利得与损失加以对比得出当期的净利润。其目的是为了衡量企业在特定时期或特定业务中所取得的成果，以及为取得这些成果所付出的代价，为考核经营效益和效果提供数据。例如分别列示营业收入和营业成本、营业税金及附加、期间费用、投资损益并加以对比，得出营业利润，从而掌握一个企业营业活动的经营成果。配比是一项重要的会计原则，在利润表中得到了充分体现。

利润表一般有表首、正表两部分。其中表首说明报表名称编制单位、编制日期、报表编号、货币名称、计量单位等；正表是利润表的主体，反映形成经营成果的各个项目和计算过程。

利润表正表的格式一般有两种：单步式利润表和多步式利润表。单步式利润表是将当期所有的收入列在一起然后将所有的费用列在一起两者相减得出当期净损益。多步式利润表是通过对当期的收入、费用、支出项目按性质加以归类，按利润形成的主要环节列示一些中间性利润指标，如营业利润、利润总额、净利润，分步计算当期净损益。

我国《企业会计准则》规定："我国企业的利润表采用多步式格式。"利润表的格式见表 8-5。

表 8-5　利　润　表

会企 02 表

编制单位：　　　　　　　　　　　年　月　　　　　　　　　　　单位：元

项　　目	本期金额	上期金额
一、营业收入		
减：营业成本		
营业税金及附加		
销售费用		
管理费用		
财务费用		
资产减值损失		
加：公允价值变动收益（损失以“—”号填列）		
投资收益（损失以“—”号填列）		
其中：对联营企业和合营企业的投资收益		
二、营业利润（亏损以“—”号填列）		
加：营业外收入		
其中：非流动资产处置利得		
减：营业外支出		
其中：非流动资产处置损失		
三、利润总额（亏损以“—”号填列）		
减：所得税费用		
四、净利润（净亏损以“—”号填列）		
五、其他综合收益的税后净额		
六、综合收益总额		
七、每股收益		
（一）基本每股收益		
（二）稀释每股收益		

三、利润表的编制方法

（一）利润表项目的填列方法

我国企业利润表的主要编制步骤和内容如下。

第一步，以营业收入为基础，减去营业成本、营业税金及附加、销售费用、管理费用、财务费用、资产减值损失，加上公允价值变动收益（减去公允价值变动损失）和投资收益（减去投资损失），计算出营业利润。

第二步，以营业利润为基础，加上营业外收入，减去营业外支出，计算出利润总额。

第三步，以利润总额为基础，减去所得税费用，计算出净利润（或净亏损）。

第四步，以净利润（或净亏损）为基础，计算每股收益。

第五步，以净利润（或净亏损）和其他综合收益为基础，计算综合收益总额。

（二）利润表项目的填列说明

利润表包括“上期金额”和“本期金额”两栏，应分别填列。

1．“上期金额”栏的填列

“上期金额”栏内各项数字，应当根据上年该期利润表的“本期金额”栏内所列示数字填列。如果上年度利润表与本年度利润表的项目名称和内容不相一致，则按编报当年的口径对上年度利润表项目的名称和数字进行调整，填入本表“上期金额”栏。

2．“本期金额”栏的填列

“本期金额”栏内各项数字来源于损益账户结账后的本期发生额，除“基本每股收益”和“稀释每股收益”项目外，应当根据相关科目的发生额分析填列。

现将利润表“本期金额”栏各项目的填列具体说明如下。

（1）“营业收入”项目，反映企业经营活动所取得的收入总额。本项目应根据“主营业务收入”和“其他业务收入”科目的发生额分析填列。

（2）“营业成本”项目，反映企业经营活动所发生的成本总额。本项目应根据“主营业务成本”“其他业务成本”科目的发生额分析填列。

（3）“营业税金及附加”项目，反映企业经营活动应负担的营业税、消费税、资源税城市维护建设税、教育费、矿产资源补偿费等。本项目应根据“营业税金及附加”科目的发生额分析填列。

（4）“销售费用”项目，反映企业为销售商品以及销售机构所发生的费用。本项目应根据“销售费用”科目的发生额分析填列。

（5）“管理费用”项目，反映企业为管理和组织企业生产经营活动而发生的费用。本项目应根据“管理费用”科目的发生额分析填列。

（6）“财务费用”项目，反映企业为筹集生产经营所需资金而发生的各项费用。本项目应根据“财务费用”科目的发生额分析填列。

（7）“资产减值损失”项目，反映企业各项资产发生的减值损失。本项目应根据“资产减值损失”科目的发生额分析填列。

（8）“公允价值变动收益”项目，反映企业应当计入当期损益的资产或负债公允价值变动收益。本项目应根据“公允价值变动损益”科目的发生额分析填列，如果为净损失，本项目以“－”号填列。

（9）“投资收益”项目，反映企业以各种方式对外投资取得的收益。本项目应根据“投资收益”科目的发生额分析填列，如果为投资损失，本项目以“－”号填列。

（10）“营业利润”项目，反映企业实现的营业利润，如果为亏损，本项目以“－”号填列。

（11）“营业外收入”项目，反映企业发生的与经营业务无直接关系的各项利得。本项目应根据“营业外收入”科目的发生额分析填列。

(12)“营业外支出”项目，反映企业发生的与经营业务无直接关系的各项损失。本项目应根据“营业外支出”科目的发生额分析填列。

(13)“利润总额”项目，反映企业实现的利润。如果为亏损，本项目以“－”号填列。

(14)“所得税费用”项目，反映企业应从当期利润总额中扣除的所得税费用，本项目根据“所得税费用”科目的发生额分析填列。

(15)“净利润”项目，反映企业实现的净利润。如果为亏损，本项目以“－”号填列。

(16)“其他综合收益的税后净额”项目，反映企业根据企业会计准则规定未在损益中确认的各项利得和损失扣除所得税影响后的净额。

(17)“综合收益总额”项目，反映企业净利润与其他综合收益的合计金额。

(18)“每股收益”项目，包括基本每股收益和稀释每股收益两项指标，反映普通股或潜在普通股已公开交易的企业，以及正处在公开发行普通股或潜在普通股过程中的企业的每股收益信息。

四、利润表编制举例

【例 8-2】 根据所给资料编制利润表。

(1) 甲公司 2016 年 5 月 30 日有关科目试算平衡表，见表 8-6。

表 8-6　试算平衡表

2016 年 5 月 30 日　　单位：元

科　目	期初余额		本期发生额		期末余额	
	借方	贷方	借 方	贷 方	借方	贷方
主营业务收入			370 000	370 000		
其他业务收入			15 000	15 000		
投资收益			50 000	50 000		
主营业务成本			150 000	150 000		
其他业务成本			9 000	9 000		
营业税金及附加			5 185	5 185		
销售费用			55 000	55 000		
管理费用			129 600	129 600		
财务费用			5 000	5 000		
营业外收入			2 000	2 000		
营业外支出			1 500	1 500		
所得税费用			20 428.75	20 428.75		
合 计			812 713.75	812 713.75		

（2）编制甲公司 2016 年 5 月的利润表，见表 8-7。（“上期金额”省略）

表 8-7 利 润 表

会企 02 表

编制单位：甲公司　　2016 年 5 月　　单位：元

项　　目	本期金额	上期金额
一、营业收入	385 000	（略）
减：营业成本	159 000	
营业税金及附加	5 185	
销售费用	55 000	
管理费用	129 600	
财务费用	5 000	
资产减值损失		
加：公允价值变动收益（损失以“－”号填列）		
投资收益（损失以“－”号填列）	50 000	
其中：对联营企业和合营企业的投资收益		
二、营业利润（亏损以“－”号填列）	81 215	
加：营业外收入	2 000	
减：营业外支出	1 500	
其中：非流动准则处置损失		
三、利润总额（亏损以“－”号填列）	81 715	
减：所得税费用	20 428.75	
四、净利润（净亏损以“－”号填列）	61 286.25	
五、其他综合收益的税后净额		
六、综合收益总额		
七、每股收益		
（一）基本每股收益		
（二）稀释每股收益		

知识链接

每股收益

每股收益是指普通股股东每持有一股所能享有的企业利润或需承担的企业亏损。每股收益反映了企业经营成果，是会计信息使用者据以评价企业盈利能力、预测企业成长潜力，做出决策的重要财务指标。

每股收益包括基本每股收益和稀释每股收益两类。

第四节　其他报表和附注简介

一、现金流量表

（一）现金流量表的概念

现金流量表是指反映企业在一定会计期间现金和现金等价物流入和流出的报表。此处的

流入和流出是以收付实现制为基础确认的：实际收到货币即为当期流入；实际支付货币即为当期流出。

现金流量表是以现金和现金等价物为基础编制的，其中："现金"是指企业库存现金以及可以随时用于支付的存款，包括库存现金、银行存款和其他货币资金等。不能随时用于支付的存款不属于现金；"现金等价物"是指企业持有的期限短、流动性强、易于转换为已知金额现金、价值变动风险很小的投资。所谓期限短，一般是指从购买日起 3 个月内到期。现金等价物通常包括 3 个月内到期的债券投资等。权益性投资变现的金额通常不确定，因而不属于现金等价物。企业应当根据具体情况，确定现金等价物的范围，一经确定不得随意变更。

（二）现金流量的分类

企业产生的现金流量可以分为如下三大类。

1. 经营活动产生的现金流量

经营活动是指企业投资活动和筹资活动以外的所有交易和事项。经营活动产生的现金流量主要包括销售商品或提供劳务、购买商品、接受劳务、支付工资和交纳税款等流入和流出的现金与现金等价物。

2. 投资活动产生的现金流量

投资活动是指企业长期资产的购建和不包括在现金等价物范围内的投资及其处置活动。投资活动产生的现金流量主要包括购建固定资产、处置子公司及其他营业单位等流入和流出的现金和现金等价物。

3. 筹资活动产生的现金流量

筹资活动是指导致企业资本及债务规模和构成发生变化的活动。筹资活动产生的现金流量主要包括吸收投资、发行股票、分配利润、发行债券、偿还债务等流入和流出的现金和现金等价物。偿付应付账款、应付票据等商业应付款等属于经营活动，不属于筹资活动。

需要说明的是：现金流量是指一定会计期间内企业现金和现金等价物的流入和流出，但下列行为不会产生现金流量或不会影响现金净流量的变化，因此不属于现金流量的范畴，不能反映在现金流量表中。

(1) 企业从银行提取现金、用现金购买短期到期（从购买日起 3 个月内到期）的国库券等现金和现金等价物之间的转换不属于现金流量。

(2) 企业发生的与现金流量或现金等价物无关的经济业务。如：企业销售一批商品，款项尚未收到。

企业编制现金流量表的目的是通过如实反映企业各项活动的现金流入、流出情况，从而有助于使用者评价企业的现金流和资金周转情况。

（三）现金流量表的结构

我国企业现金流量表采用报告式结构，分类反映经营活动产生的现金流量、投资活动产生的现金流量和筹资活动产生的现金流量，最后汇总反映企业某一期间现金及现金等价物的净增加额。我国企业现金流量表的格式见表 8-8。

表 8-8　现金流量表

会企 03 表

编制单位：　　　　　　　　　　　　年度　　　　　　　　　　　　单位：元

项　　目	本期金额	上期金额
一、经营活动产生的现金流量		
销售商品、提供劳务收到的现金		
收到的税费返还		
收到其他与经营活动有关的现金		
经营活动现金流入小计		
购买商品、接受劳务支付的现金		
支付给职工以及时为职工支付的现金		
支付的各项税费		
支付其他与经营活动有关的现金		
经营活动现金流出小计		
经营活动产生的现金流量净额		
二、投资活动产生的现金流量		
收回投资收到的现金		
取到投资收益收到的现金		
处置固定资产、无形资产和其他长期资产收回的现金净额		
处置子公司及其他营业单位收到的现金净额		
收到其他与投资活动有关的现金		
投资活动现金流入小计		
购建固定资产、无形资产和其他长期资产支付的现金		
投资支付的现金		
取得子公司及其他营业单位支付的现金净额		
支付其他与投资活动有关的现金		
投资活动现金流出小计		
投资活动产生的现金流量净额		
三、筹资活动产生的现金流量		
吸收投资收到的现金		
取得借款收到的现金		
收到其他与筹资活动有关的现金		
筹资活动现金流入小计		
偿还债务支付的现金		
分配股利、利润或偿还利息支付的现金		
支付其他与筹资活动有关的现金		
筹资活动现金流出小计		
筹资活动产生的现金流量净额		
四、汇率变动对现金及现金等价物的影响		
五、现金及现金等价物净增加额		
加：期初现金及现金等价物余额		
六、期末现金及现金等价物余额		

（四）现金流量表的编制方法

企业应当采用直接法列示经营活动产生的现金流量。直接法是指通过现金收入和现金支出的主要类别列示经营活动的现金流量。采用直接法编制经营活动的现金流量时，一般以利润表中的营业收入为起算点，调整与经营活动有关的项目的增减变动，然后计算出经营活动的现金流量。

除现金流量表反映的信息外，企业还应当同时采用间接法反映经营活动产生的现金流量。间接法是指以本期净利润为起点，通过调整不涉及现金的收入、费用、营业外收支以及经营性应收应付等项目的增减变动，调整不属于经营活动的现金收支项目，据此计算并列报经营活动产生的现金流量的方法。

在我国，经营活动产生的现金流量可以分别采用直接法和间接法编制，间接法是对直接法的核对和补充说明。

二、所有者权益（股东权益）变动表

（一）所有者权益（股东权益）变动表的内容

所有者权益（股东权益）变动表是反映企业在某一特定日期构成所有者权益的各组成部分当期增减变动情况的报表。

在所有者权益变动表中，企业至少应当单独列示反映下列信息的项目。

（1）净利润。

（2）直接计入所有者权益的利得和损失项目及其总额。

（3）会计政策变更和差错更正的累积影响金额。

（4）所有者投入资本和向所有者分配利润等。

（5）提取的盈余公积。

（6）实收资本或股本、资本公积、盈余公积、未分配利润的期初和期末余额及其调节情况。

所有者权益（股东权益）变动表全面反映了企业的所有者权益在年度内的变化情况，不仅包括所有者权益总量的增减变动，还包括结构性变动的信息，特别是要反映直接计入所有者企业的利得和损失，从而有助于使用者准确理解所有者权益增减变动的根源，便于会计信息使用者深入分析企业所有者权益的增减变化情况，并进而对企业的资本保值增值情况做出正确判断，从而提供对决策有用的信息。

（二）所有者权益（股东权益）变动表的结构

包括表首、正表两部分。其中，表首说明报表名称、编制单位、编制日期、报表编号、货币名称、计量单位等；正表是所有者权益增减变动表的主体，具体说明所有者权益增减变动表的各项内容，包括实收资本（股本）、资本公积、库存股、其他综合收益、盈余公积和未分配利润等。每个项目中，又分为上年年末余额、本年年初余额、本年增减变动金额、本年年末余额四小项，每个小项中，又分别具体情况列示其不同内容。

所有者权益（股东权益）变动表的格式见表 8-9。

表 8-9　所有者权益（股东权益）变动表

会企 04 表

编制单位：　　　　　　　　　　　　年度　　　　　　　　　　　　单位：元

项目	本年金额							上年金额						
	实收资本（股本）	资本公积	减：库存股	其他综合收益	盈余公积	未分配利润	所有者权益合计	实收资本（股本）	资本公积	减：库存股	其他综合收益	盈余公积	未分配利润	所有者权益合计
一、上年年末余额														
加：会计政策变更														
前期差错更正														
二、本年年初余额														
三、本年增减变动金额（减少以“－”号填列）														
（一）净利润														
（二）直接计入所有者权益的利得和损失														
1. 可供出售金融资产公允价值变动净额														
2. 权益法下被投资单位其他所有者权益变动的金额														
3. 与计入所有者权益项目相关的所得税影响														
4. 其他														
上述（一）和（二）小计														
（三）所有者投入和减少资本														
1. 所有者投入资本														
2. 股份支付计入所有者权益的金额														
3. 其他														
（四）利润分配														
1. 提取盈余公积														
2. 对所有者（或股东）的分配														
3. 其他														
（五）所有者权益内部结转														
1. 资本公积转增资本（或股本）														
2. 盈余公积转增资本（或股本）														
3. 盈余公积弥补亏损														
4. 其他														
四、本年年末余额														

三、附注

附注是对在资产负债表、利润表、现金流量表和所有者权益变动表等报表中列示项目的文字描述或明细资料，以及对未能在这些报表中列示项目的说明等。

企业编制附注的目的是通过对财务报表本身做补充说明，以便更加全面、系统地反映企业财务账款、经营成果和现金流量的全貌，从而有助于向使用者通过更为有用的信息，做出更加科学合理的决策。财务报表是财务报告的核心内容，但是在处理财务报表之外，财务报告还应当包括其他相关信息，具体可以根据有关法律法规规定和外部使用者的信息需求而定。

附注应当披露财务报表的编制基础，相关信息应当与资产负债表、利润表、现金流量表和所有者权益变动表等报表中列示的项目相互参照。

附注一般应当按照下列顺序披露。

(1) 财务报表的编制基础。

(2) 遵循企业会计准则的声明。

(3) 重要会计政策的说明，包括财务报表项目计量基础和会计政策确定依据等。

(4) 重要会计估计的说明，包括下一会计期间内很可能导致资产、附注账面价值重大调整的会计估计的确定依据等。

(5) 会计政策和会计估计变更以及差错更正的说明。

(6) 对已在资产负债表、利润表、现金流量表和所有者权益变动表中列示的重要项目的进一步说明，包括终止经营税后利润的金额及其构成情况等。

(7) 或有和承诺事项、资产负债表日后非调整事项、关联方关系及其交易等需要说明的事项。

本章小结

通过本章的学习，系统掌握以下知识点。

<table>
<tr><th>本章内容</th><th colspan="2">重要知识点</th></tr>
<tr><td>财务报告与财务报表</td><td colspan="2">财务报告包括财务报表和其他应当在财务报告中披露的相关信息和资料
财务报表是对企业财务状况、经营成果和现金流量的结构性表述
我国《企业会计准则》规定，财务报表至少应当包括资产负债表、利润表、现金流量表、所有者权益（或股东权益）变动表和报表附注</td></tr>
<tr><td rowspan="4">资产负债表</td><td>含义</td><td>反映企业在某一特定日期的财务状况（静态报表）</td></tr>
<tr><td>编制原理</td><td>资产＝负债＋所有者权益</td></tr>
<tr><td>结构</td><td>账户式</td></tr>
<tr><td>金额栏及数据来源</td><td>“年初余额”：源于上年末资产负债表“期末余额”栏内各项数字
“期末余额”：源于本期有关账户结账后的期末余额</td></tr>
<tr><td rowspan="4">利润表</td><td>含义</td><td>反映企业在一定会计期间经营成果的报表</td></tr>
<tr><td>编制原理</td><td>全面收益观</td></tr>
<tr><td>结构</td><td>多步式</td></tr>
<tr><td>金额栏及数据来源</td><td>“上期金额”：源于上年同期利润表的“本期金额”栏内所列示数字
“本期金额”：净利润的形成源于损益账户结账后的本期发生额</td></tr>
</table>

续表

本章内容	重要知识点	
现金流量表	含义	反映企业在一定会计期间现金和现金等价物流入和流出
	编制原理	收付实现制
	结构	报告式
所有者权益变动表	含义	反映企业在某一特定日期构成所有者权益的各组成部分当期增减变动情况
	编制原理	全面反映所有者权益的总量增减变动及结构性变动
	结构	矩阵式
附注	附注是对在资产负债表、利润表、现金流量表和所有者权益变动表等报表中列示项目的文字描述或明细资料，以及对未能在这些报表中列示项目的说明等	

第九章

账务处理程序

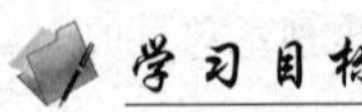

了解合理建立账务处理程序的意义；明确设计账务处理程序的基本原则；掌握各种账务处理程序的特点、核算步骤、优缺点及适用范围。

重点掌握科目汇总表账务处理程序。

第一节　账务处理程序概述

会计凭证、会计账簿和会计报表是进行会计核算的基本工具。在实际会计工作中，企业需要根据实际情况，科学地组织会计凭证、会计账簿及会计报表，确定相应的账务处理程序，使会计凭证的填制、账簿的登记、会计报表的编制能够有机地结合起来，为经济管理活动提供及时有效的会计信息。

一、账务处理程序的概念

（一）含义

账务处理程序也称会计核算程序，是指会计凭证、会计账簿、会计报表相结合的方式，包括会计凭证和账簿的种类、格式，会计凭证与账簿之间的联系方法，由原始凭证到编制记账凭证、登记明细分类账和总分类账、编制会计报表的工作程序和方法等。

（二）意义

选择科学、合理的账务处理程序，对于提高会计核算工作的效率，保证会计核算工作质量，有效组织会计核算具有重要意义。

(1) 账务处理程序有利于会计工作程序的规范化。确定合理的凭证、账簿及报表之间的联系方式，可以保证会计信息加工过程的严密性和规范化，提高会计信息的质量。

(2) 账务处理程序有利于保证会计记录的完整性、正确性。通过凭证、账簿及报表之间的牵制作用，可以增强会计信息的可靠性。

(3) 账务处理程序有利于减少不必要的会计核算环节。通过井然有序的账务处理程序，可以提高会计工作效率，保证会计信息的及时性。

二、设计账务处理程序的基本原则

企业应根据本单位的实际情况，科学、合理地设计适合本单位特点的账务处理程序。在设计时，首先应结合本单位具体情况，与本单位的业务性质、规模大小、经营管理的要求以及记账分工情况相适应。其次不仅要适用于本单位经营管理特点的需要，而且要满足会计信息使用者的要求，提供及时、准确、系统、全面的会计核算资料。还要必须满足提高会计核算效率的要求，应该在保证会计核算工作质量的前提下，力求简化核算手续、节约时间、降低费用。同时要有利于企业会计电算化工作的开展。

三、账务处理程序的种类

常用的账务处理程序主要包括记账凭证账务处理程序、科目汇总表账务处理程序和汇总记账凭证账务处理程序。

以上 3 种账务处理程序有很多相同点，但也存在差异，其根本区别在于登记总账的依据和方法不同。

第二节 记账凭证账务处理程序

一、记账凭证账务处理程序的概念

记账凭证账务处理程序是指对发生的经济业务，都要以原始凭证或汇总原始凭证为依据编制记账凭证，根据记账凭证直接登记总分类账的一种账务处理程序。它的主要特点就是直接根据记账凭证逐笔登记总分类账。记账凭证账务处理程序是一种最基本的账务处理程序，其他账务处理程序均是在其基础上发展演变而形成的。

二、记账凭证账务处理程序的核算要求

在记账凭证账务处理程序下，记账凭证可采用通用格式，也可采用专用格式(收款凭证、付款凭证和转账凭证)。账簿一般设置现金日记账、银行存款日记账、总分类账和明细分类账。现金、银行存款日记账和总分类账均可用三栏式；明细分类账可根据管理需要采用三栏式、数量金额式或多栏式等。

三、记账凭证账务处理程序的核算步骤

(1) 根据原始凭证或汇总原始凭证编制记账凭证。

(2) 根据收款凭证、付款凭证逐笔登记现金日记账、银行存款日记账。

(3) 根据记账凭证和原始凭证(或汇总原始凭证)逐笔登记各种明细分类账。

(4) 根据记账凭证逐笔登记总分类账。

(5) 月末，将现金日记账、银行存款日记账的余额，及各种明细分类账余额的合计数，分别与总分类账中有关账户的余额核对相符。

(6) 月末，根据总分类账和明细分类账的记录编制会计报表。

上述记账凭证账务处理程序如图 9-1 所示。

四、记账凭证账务处理程序的优缺点和适用范围

记账凭证账务处理程序的优点是手续简便，记账程序比较简单，易于理解和掌握，而且总分类账的记录可以详细反映经济业务的情况，便于查账。缺点是登记总账的工作量比较大，预

原始凭证
汇总原始凭证
(1)
收款凭证
付款凭证
转账凭证
(2)
现金日记账
银行存款日记账
(5)
(4)
总分类账
(5)
(3)
明细分类账
(6)
会计报表
说明：←‑‑→ 表示账账核对

图 9-1

留账页较难把握。因此记账凭证账务处理程序一般只适用于规模较小、经济业务量较少、会计凭证不多的单位。

第三节　科目汇总表账务处理程序

一、科目汇总表账务处理程序的概念

科目汇总表账务处理程序又称记账凭证汇总表核算程序，它是根据记账凭证定期编制科目汇总表，然后根据科目汇总表登记总分类账的一种账务处理程序。

科目汇总表账务处理程序是记账凭证账务处理程序的简化和发展。它的特点是定期根据所有记账凭证编制科目汇总表，然后再根据科目汇总表登记总账。

二、科目汇总表账务处理程序的核算要求

在科目汇总表账务处理程序下，需要设置会计凭证及账簿的种类和格式与记账凭证账务处理程序基本相同。但是，为了定期将全部记账凭证进行汇总，需要另外设置科目汇总表。科目汇总表的格式见表 9-1 所示。

表 9-1　科目汇总表

年　月　日至　日　　　　　　　　　　　　　　第　　号

会计科目	账页	本期发生额		记账凭证起讫号数
		借方	贷方	
合　计				

编制科目汇总表，需要将一定时期内的全部记账凭证按照相同科目归类，汇总计算出每一总账科目的本期借方发生额和贷方发生额合计数，并填入表内。汇总后全部科目的借方发生额合计数应与贷方发生额合计数相等。

三、科目汇总表账务处理程序的核算步骤

(1) 根据原始凭证或汇总原始凭证编制记账凭证。

(2) 根据收款凭证、付款凭证逐笔登记现金日记账、银行存款日记账。

(3) 根据原始凭证或汇总原始凭证、记账凭证登记各种明细分类账。

(4) 根据记账凭证，定期编制科目汇总表。

(5) 根据科目汇总表登记总分类账。

(6) 月末，将现金、银行存款日记账和明细分类账的余额与总分类账有关账户的余额核对相符。

(7) 月末，根据总分类账和明细分类账的记录编制会计报表。

上述科目汇总表账务处理程序如图 9-2 所示。

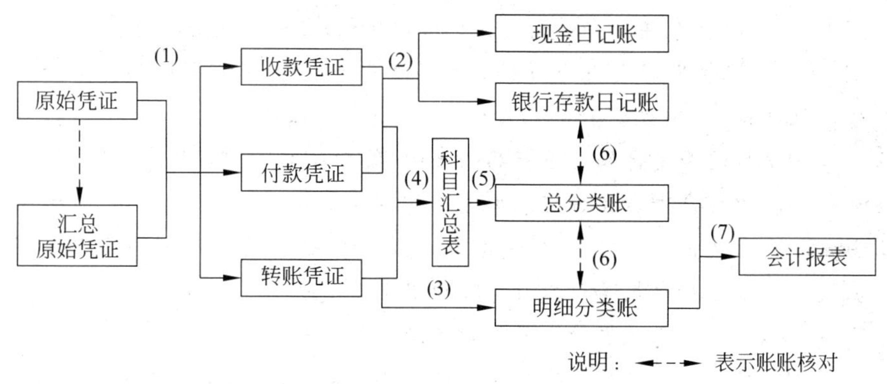

图　9-2

四、科目汇总表账务处理程序的优缺点和适用范围

科目汇总表账务处理程序的优点是可以减少登记总分类账户的工作量，手续也比较简便；并且科目汇总表还能做到试算平衡，便于及时发现错误，从而保证记账工作的质量。缺点是科目汇总表不能反映账户之间的对应关系，不便于了解经济业务的来龙去脉，不便于查对账目。因此科目汇总表账务处理程序适用于规模较大、经济业务较多的单位。

【例 9-1】 甲公司为增值税一般纳税人，适用 17%的增值税税率，所得税税率为 25%，采用科目汇总表账务处理程序进行账务处理。2016 年 5 月会计核算资料如表 9-2 和表 9-3 所示。

表 9-2　总分类账户余额表

2016 年 5 月 1 日　　　　单位：元

账户名称	金额	账户名称	金额
库存现金	6 000	累计折旧	50 000
银行存款	50 000	短期借款	50 000
原材料	4 000	长期借款	80 000
生产成本	20 000	实收资本	200 000
库存商品	40 000	盈余公积	23 000
固定资产	300 000	本年利润	17 000
合　　计	420 000	合　　计	420 000

表 9-3 明细分类账户余额表

2016 年 5 月 1 日　　单位：元

明细账户名称	结存数量	结存单价	结存金额
原材料——A 材料	500 千克	8	4 000
生产成本——甲产品			20 000
库存商品——甲产品	1 600 件	25	40 000

甲公司 2016 年 5 月发生的经济业务如下(假定除下列经济业务外,该公司未发生其他经济业务事项)。

(1) 5 月 2 日,购入 A 材料 2 000 千克,取得的增值税专用发票注明：价款 16 000 元,增值税税额 2 720 元。材料已验收入库,货款以银行存款支付。

(2) 5 月 8 日,办公室李某出差预借差旅费 5 000 元,出纳以现金支付。

(3) 5 月 10 日,销售甲产品 1 000 件,开出的增值税专用发票注明：单价 50 元,价款 50 000 元,增值税税额 8 500 元。产品已发出,货款已收存银行。

(4) 5 月 15 日,用现金支付销售甲产品的搬运、装卸费共计 800 元。

(5) 5 月 20 日,为生产甲产品领用 A 材料 500 千克,单价 8 元,共计 4 000 元。

(6) 5 月 25 日,李某出差归来,报销差旅费 4 500 元,退回现金 500 元,结清其预借款。

(7) 5 月 28 日,以银行存款支付本月保险费用 1 200 元。

(8) 5 月 30 日,以银行存款支付本月借款利息 2 722 元。

(9) 5 月 31 日,计提本月应交城市维护建设税 404.6 元,应交教育费附加 500 元。

(10) 5 月 31 日,结转已售甲产品 1 000 件,每件 25 元,共计成本 25 000 元。

(11) 5 月 31 日,将各损益类账户转入"本年利润"科目。

(12) 5 月 31 日,计算并结转本月应交所得税。

在科目汇总表账务处理程序下,该公司经济业务账务处理程序如下。

(1) 根据发生经济业务所取得的原始凭证或汇总原始凭证填制收款凭证、付款凭证、转账凭证(在这里,以会计分录代表记账凭证)。

① 5 月 2 日购入 A 材料

借：原材料——A 材料　　16 000

　　应交税费——应交增值税(进项税额)　　2 720

　贷：银行存款　　18 720

② 5 月 8 日预借差旅费

借：其他应收款——李某　　5 000

　贷：库存现金　　5 000

③ 5 月 10 日销售甲产品

借：银行存款　　58 500

　贷：主营业务收入　　50 000

　　　应交税费——应交增值税(销项税额)　　8 500

④ 5 月 15 日支付搬运、装卸费

借：销售费用　　800

贷：库存现金 800

⑤ 5 月 20 日生产领用甲材料

借：生产成本——甲产品 4 000

贷：原材料——A 材料 4 000

⑥ 5 月 25 日报销差旅费

借：管理费用 4 500

库存现金 500

贷：其他应收款——李某 5 000

⑦ 5 月 28 日支付保险费用

借：管理费用 1 200

贷：银行存款 1 200

⑧ 5 月 30 日支付利息

借：财务费用 2 722

贷：银行存款 2 722

⑨ 5 月 31 日计提城建税、教育费附加

借：营业税金及附加 578

贷：应交税费——应交城市维护建设税 404.6

——应交教育费附加 173.4

⑩ 5 月 31 日结转已售甲产品成本

借：主营业务成本 25 000

贷：库存商品——甲产品 25 000

⑪ 5 月 31 日结转损益类账户

借：主营业务收入 50 000

贷：本年利润 50 000

借：本年利润 34 800

贷：主营业务成本 25 000

营业税金及附加 578

销售费用 800

管理费用 5 700

财务费用 2 722

⑫ 5 月 31 日计算并结转应交所得税

借：所得税费用 3 800

贷：应交税费——应交所得税 3 800

借：本年利润 3 800

贷：所得税费用 3 800

(2) 根据现金和银行存款收付款凭证，逐笔登记现金日记账和银行存款日记账，具体填制内容分别如表 9-4 和表 9-5 所示。

表 9-4　现金日记账

2016 年		凭证		摘　　要	对方科目	收　入	付　出	金　额
月	日	字	号					
5	1			月初余额				6 000
	8	现付	1	李某预借差旅费	其他应收款		5 000	1 000
	15	现付	2	支付销售产品装卸费	销售费用		800	200
	25	现收	1	李某归还多余差旅费	其他应收款	500		700
5	31			本月合计		500	5 800	700

表 9-5　银行存款日记账

2016 年		凭证		摘　　要	对方科目	收　入	付　出	金　额
月	日	字	号					
5	1			月初余额				50 000
	2	银付	1	购入 A 材料	原材料、应交税费		18 720	31 280
	10	银收	1	销售甲产品	主营业务收入等	58 500		88 580
	28	银付	2	支付保险费	管理费用		1 200	88 580
	30	银付	3	支付借款利息	财务费用		2 722	85 858
5	31			本月合计		58 500	22 642	85 858

(3) 根据原始凭证和记账凭证登记各种明细分类账(只列举原材料、生产成本和其他应收款的明细分类账,其他从略),分别如表 9-6～表 9-8 所示。

表 9-6　原材料明细分类账

会计科目：A 材料　　　　数量单位：千克

2016 年		凭证		摘　要	收入			发出			结存		
月	日	字	号		数量	单价	金额	数量	单价	金额	数量	单价	金额
5	1			月初余额							500	8.00	4 000
	2	银付	1	购入材料	2 000	8.00	16 000				2 500	8.00	20 000
	20	转账	1	生产领用				500	8.00	4 000	2 000	8.00	16 000
5	31			本月合计	2 000		16 000	500		4 000	2 000		16 000

表 9-7　生产成本明细分类账

产品名称：甲产品　　　　计量单位：件

2016 年		凭证		摘　　要	借方金额分析			借方	贷方	余额
月	日	字	号		直接材料	直接人工	制造费用			
5	1			月初余额	1 0000	6 000	4 000			20 000
	20	转	1	生产耗用材料	4 000			4 000		24 000
	31			本月合计	4 000			4 000		24 000

表 9-8　其他应收款明细分类账

会计科目：李某

2016 年		凭证		摘　要	借　方	贷　方	借或贷	余　额
月	日	字	号					
5	8	现付	1	预借差旅费	5 000		借	5 000
	25	转	2	报销差旅费		4 500		
		现收	1	交回现金		500	平	0
5	31			本月合计	5 000	5 000	平	0

(4) 根据各种记账凭证编制科目汇总表，如表 9-9 所示。

表 9-9　科目汇总表

2016 年 5 月　　　　单位：元

会计科目	1—15 日发生额		16—31 日发生额		本月发生额合计	
	借　方	贷　方	借　方	贷　方	借　方	贷　方
库存现金		5 800	500		500	5 800
银行存款	58 500	18 720		3 922	58 500	22 642
其他应收款	5 000			5 000	5 000	5 000
原材料	16 000			4 000	16 000	4 000
库存商品				25 000		25 000
应交税费	2 720	8 500		4 378	2 720	12 878
本年利润			38 600	50 000	38 600	50 000
生产成本			4 000		4 000	
主营业务收入		50 000	50 000		50 000	50 000
主营业务成本			25 000	25 000	25 000	25 000
营业税金及附加			578	578	578	578
销售费用	800			800	800	800
管理费用			5 700	5 700	5 700	5 700
财务费用			2 722	2 722	2 722	2 722
所得税费用			38 000	38 000	38 000	38 000
合计	83 020	83 020	130 900	130 900	213 920	213 920

(5) 根据科目汇总表登记总分类账，具体登记情况（本月未发生经济业务的总账略）如表 9-10～表 9-24 所示。

表 9-10　总分类账

会计科目：库存现金

2016 年		凭证		摘　要	借　方	贷　方	借或贷	余　额
月	日	字	号					
5	1			月初余额			借	40 000
	31	科汇	1	根据科汇 15—31 日发生额		30 000	借	10 000
	31			本月合计		30 000	借	10 000

表 9-11　总分类账

会计科目：银行存款

2016 年		凭证		摘　　要	借　方	贷　方	借或贷	余　额
月	日	字	号					
5	1			月初余额			借	6 000
	15	科汇	1	根据科汇 1—15 日发生额		5 800	借	200
	31	科汇	1	根据科汇 16—31 日发生额	500		借	700
	31			本月合计	500	5 800	借	700

表 9-12　总分类账

会计科目：其他应收款

2016 年		凭证		摘　　要	借　方	贷　方	借或贷	余　额
月	日	字	号					
5	1			月初余额			借	50 000
	15	科汇	1	根据科汇 1—15 日发生额	58 500	18 720	借	89 780
	31	科汇	1	根据科汇 16—31 日发生额		3 922	借	85 858
	31			本月合计	58 500	22 642	借	85 858

表 9-13　总分类账

会计科目：原材料

2016 年		凭证		摘　　要	借　方	贷　方	借或贷	余　额
月	日	字	号					
5	15	科汇	1	根据科汇 1—15 日发生额	5 000		借	5 000
	31	科汇	1	根据科汇 16—31 日发生额		5 000	平	0
	31			本月合计	5 000	5 000	平	0

表 9-14　总分类账

会计科目：库存商品

2016 年		凭证		摘　　要	借　方	贷　方	借或贷	余　额
月	日	字	号					
5	1			月初余额			借	4 000
				根据科汇 1—15 日发生额			借	
	31	科汇	1			25 000	借	15 000
	31			本月合计		25 000	借	15 000

表 9-15　总分类账

会计科目：生产成本

2016 年		凭证		摘　　要	借　方	贷　方	借或贷	余　额
月	日	字	号					
5	1			月初余额		50 000	借	20 000
	31	科汇	1	根据科汇 16—31 日发生额	4 000		借	24 000
	31			本月合计	4 000	50 000	借	24 000

表 9-16 总分类账

会计科目：应交税费

2016 年		凭证		摘　要	借　方	贷　方	借或贷	余　额
月	日	字	号					
5	10			根据科汇 1—15 日发生额	2 720	8 500	贷	5 780
		科汇	1	根据科汇 16—31 日发生额		4 378	贷	10 158
	31			本月合计	2 720	12 878	贷	10 158

表 9-17 总分类账

会计科目：本年利润

2016 年		凭证		摘　要	借　方	贷　方	借或贷	余　额
月	日	字	号					
5	1			月初余额			贷	17 000
	31	科汇	1	根据科汇 16—31 日发生额	38 600	50 000	贷	28 400
	31			本月合计	38 600	50 000	贷	28 400

表 9-18 总分类账

会计科目：主营业务收入

2016 年		凭证		摘　要	借　方	贷　方	借或贷	余　额
月	日	字	号					
5	15	科汇	1	根据科汇 1—15 日发生额		50 000	贷	50 000
	31	科汇	1	根据科汇 16—31 日发生额	50 000		平	0
	31			本月合计	50 000	50 000	平	0

表 9-19 总分类账

会计科目：主营业务成本

2016 年		凭证		摘　要	借　方	贷　方	借或贷	余　额
月	日	字	号					
5	31	科汇	1	根据科汇 16—31 日发生额	25 000	25 000	平	0
	31			本月合计	25 000	25 000	平	0

表 9-20 总分类账

会计科目：营业税金及附加

2016 年		凭证		摘　要	借　方	贷　方	借或贷	余　额
月	日	字	号					
5	31	科汇	1	根据科汇 16—31 日发生额	578	578	平	0
	31			本月合计	578	578	平	0

表 9-21　总分类账

会计科目：销售费用

2016 年		凭证		摘　　要	借　方	贷　方	借或贷	余　额
月	日	字	号					
5	15	科汇	1	根据科汇 1—15 日发生额	800		借	800
	31	科汇	1	根据科汇 16—31 日发生额		800	平	0
	31			本月合计	800	800	平	0

表 9-22　总分类账

会计科目：管理费用

2016 年		凭证		摘　　要	借　方	贷　方	借或贷	余　额
月	日	字	号					
5	31	科汇	1	根据科汇 16—31 日发生额	5 700	5 700	平	0
	31			本月合计	5 700	5 700	平	0

表 9-23　总分类账

会计科目：财务费用

2016 年		凭证		摘　　要	借　方	贷　方	借或贷	余　额
月	日	字	号					
5	31	科汇	1	根据科汇 16—31 日发生额	2 722	2 722	平	0
	31			本月合计	2 722	2 722	平	0

表 9-24　总分类账

会计科目：所得税费用

2016 年		凭证		摘　　要	借　方	贷　方	借或贷	余　额
月	日	字	号					
5	31	科汇	1	根据科汇 16—31 日发生额	3 800	3 800	平	0
	31			本月合计	3 800	3 800	平	0

（6）根据总账和明细账，编制利润表和资产负债表，如表 9-25 和表 9-26 所示。

表 9-25　利润表

编制单位：甲公司　　　　2016 年 5 月　　　　单位：元

项　　目	本 月 金 额	上月金额（略）
一、营业收入	50 000	
减：营业成本	25 000	
营业税金及附加	578	
销售费用	800	
管理费用	5 700	
财务费用	2 722	
二、营业利润（亏损以“－”号填列）	15 200	
加：营业外收入		
减：营业外支出		

续表

项 目	本月金额	上月金额(略)
三、利润总额(亏损总额以“－”号填列)	15 200	
减：所得税费用	3 800	
四、净利润(净亏损以“－”号填列)	11 400	

表 9-26 资产负债表(简表)

编制单位：甲公司　　2016 年 5 月 31 日　　单位：元

资 产	月初余额	月末余额	负债和所有者权益	月初余额	月末余额
流动资产：			流动负债：		
货币资金	56 000	86 558	短期借款	50 000	50 000
应收票据			应付票据		
应收账款			应付账款		
预付款项			预收款项		
应收利息			应付职工薪酬		
应收股利			应交税费		10 158
其他应收款			应付股利		
存货	64 000	55 000	其他应付款		
其他流动资产			流动负债合计	50 000	60 158
流动资产合计	120 000	141 558	非流动负债：		
非流动资产：			长期借款	80 000	80 000
长期股权投资			应付债券		
固定资产	250 000	250 000	非流动负债合计	80 000	80 000
在建工程			负债合计	130 000	140 158
工程物资			所有者权益		
固定资产清理			实收资本	200 000	200 000
无形资产			资本公积		
开发支出			盈余公积	23 000	23 000
长期待摊费用			未分配利润	17 000	28 400
非流动资产合计	250 000	250 000	所有者权益合计	240 000	251 400
资产总计	370 000	391 558	负债和所有者权益总计	370 000	391 558

第四节 汇总记账凭证账务处理程序

一、汇总记账凭证账务处理程序的概念

汇总记账凭证账务处理程序是根据原始凭证或汇总原始凭证编制记账凭证，定期根据记账凭证分类编制汇总收款凭证、汇总付款凭证和汇总转账凭证，再根据汇总记账凭证登记总分类账的一种账务处理程序。它的特点是定期根据记账凭证分类编制汇总记账凭证，然后再根据汇总记账凭证登记总账。

二、汇总记账凭证账务处理程序的核算要求

在汇总记账凭证账务处理程序下，除设置收款凭证、付款凭证和转账凭证外，还应设置汇总收款凭证、汇总付款凭证和汇总转账凭证。日记账、明细分类账和总分类账的设置与记账凭证账务处理程序基本相同。但是，为了使总分类账的内容与各种汇总记账凭证保持一致，总分类账应增设“对方科目”专栏，以便于在账户中仍能清晰地反映会计科目之间的对应关系。

汇总记账凭证的编制方法是：将一定时期内收款凭证、付款凭证和转账凭证进行汇总（如 5 天或 10 天等），汇总收款凭证按每一借方科目汇总，汇总付款凭证按每一贷方科目汇总，汇总转账凭证按每一贷方科目汇总。月终根据汇总收款凭证、汇总付款凭证和汇总转账凭证分别登记总分类账。汇总记账凭证格式如表 9-27～表 9-29 所示。

表 9-27　汇总收款凭证

借方科目：　　　　年　　月　　　　汇收第　　号

贷方科目	金　额				总账页数	
	1—10 号 收款凭证 第　号至第　号	11—20 号 收款凭证 第　号至第　号	21—30 号 收款凭证 第　号至第　号	合计	借方	贷方
合计						

表 9-28　汇总付款凭证

贷方科目：　　　　年　　月　　　　汇付第　　号

借方科目	金　额				总账页数	
	1—10 号 付款凭证 第　号至第　号	11—20 号 付款凭证 第　号至第　号	21—30 号 付款凭证 第　号至第　号	合计	借方	贷方
合计						

表 9-29　汇总转账凭证

贷方科目：　　　　年　　月　　　　汇转第　　号

借方科目	金　额				总账页数	
	1—10 号 转账凭证 第　号至第　号	11—20 号 转账凭证 第　号至第　号	21—30 号 转账凭证 第　号至第　号	合计	借方	贷方
合计						

三、汇总记账凭证账务处理程序的核算步骤

(1) 根据原始凭证或汇总原始凭证编制记账凭证。

(2) 根据收款凭证和付款凭证逐笔登记现金日记账和银行存款日记账。

(3) 根据原始凭证、汇总原始凭证和记账凭证，逐笔登记各种明细分类账。

(4) 根据收款凭证、付款凭证和转账凭证，定期编制汇总收款凭证、汇总付款凭证和汇总转账凭证。

(5) 月终，根据汇总收款凭证、汇总付款凭证和汇总转账凭证登记总分类账。

(6) 月终，将现金日记账的余额和银行存款日记账的余额，及各明细分类账的余额，与有关总分类账的余额核对相符。

(7) 月终，根据总分类账、明细分类账的记录编制会计报表。

汇总记账凭证账务处理程序如图 9-3 所示。

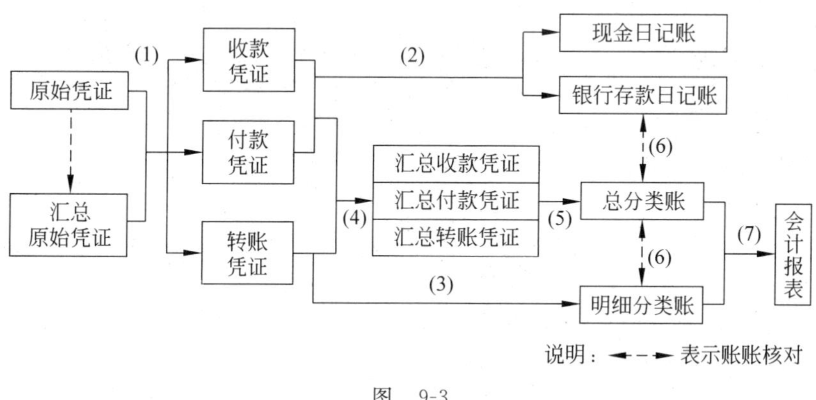

图 9-3

四、汇总记账凭证账务处理程序的优缺点和适用范围

汇总记账凭证账务处理程序的优点是减少了登记总分类账的工作量，便于了解账户之间的对应关系。缺点是按每一贷方科目编制汇总转账凭证，而不是按业务的性质归类汇总，不利于会计核算的日常分工。当转账凭证数量较多时，编制汇总转账凭证的工作量较大。因此，这种账务处理程序一般适用于规模较大、经济业务较多的企业。

本 章 小 结

通过本章的学习，系统掌握以下知识点。

类别	记账凭证账务处理程序	科目汇总表账务处理程序	汇总记账凭证账务处理程序
特点	根据记账凭证登记总账	根据科目汇总表登记总账	根据汇总记账凭证登记总账
优点	1. 账务处理程序简单明了，易于理解 2. 总账可以详细反映经济业务的发生和完成情况，便于查账	1. 减轻登记总账的工作量 2. 能起到试算平衡的作用，保证总账登记的准确性	1. 减轻了登记总账的工作量 2. 可以清晰地反映各个账户之间的对应关系

续表

类别	记账凭证账务处理程序	科目汇总表账务处理程序	汇总记账凭证账务处理程序
缺点	登记总账的工作量比较大	1. 不能反映账户之间的对应关系 2. 不便于分析经济业务的来龙去脉和进行账目的核对	1. 不利于会计核算的日常分工 2. 当转账凭证较多时，编制汇总转账凭证的工作量较大
适用范围	1. 生产经营规模较小 2. 经济业务量较少的单位	1. 生产经营规模较大 2. 经济业务量较多的单位	1. 生产经营规模较大 2. 经济业务量较多的单位

第十章

会计工作组织

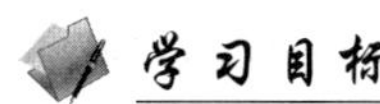

学习目标

了解会计工作组织、会计机构、会计人员的基本内容，掌握会计档案的相关规定，熟悉会计准则体系，了解会计电算化的有关内容。

第一节　会计工作组织概述

一、会计工作组织的概念

（一）会计工作组织的含义

会计工作是指运用一整套会计专门方法，对会计事项进行处理的活动。会计是通过会计工作对各个单位日常活动实施管理的，所以说会计是经济管理的一个重要组成部分，会计具有管理的职能。会计管理是指会计机构和会计人员按照一定的目标，为满足国家宏观调控、企业所有权人以及企业管理当局的需要，对企、事业单位的资金运动过程及结果进行控制、决策、计划、考核和分析等的总称。在不同的社会历史时期，由于所处的社会经济环境不同，导致了作为核算和管理社会经济运行过程的会计内容也有所不同，而且是随着社会经济的发展而发展的，经历了从简单到复杂、从低级到高级的演变过程。

全面地考察会计工作，应该看到，会计工作是一项综合性很强的经济管理工作，各单位所发生的各项经济业务，都要通过会计加以反映和管理，因而会计工作与其他经营管理工作有着密切的联系；会计工作也是一项政策性很强的工作，必须按照有关的财经政策、法规、制度的要求办理业务；会计工作还是一项严密细致的工作，会计所产生的数据信息要经过一连串的记录、计算、分类、汇总和分析等处理程序。因此，要做好会计工作，就必须建立专门的会计机构，要有专职的办事人员，并按照规定的会计制度开展日常的会计工作。

会计管理职能作用的发挥离不开会计工作组织的存在及其正常运行。所谓会计工作组织就是为了适应会计工作的综合性、政策性、相关性和严密细致性的特点，对会计机构的设置、会计人员的配备、会计制度的制定与执行等项工作所做的统筹安排。

会计工作组织的内容，从广义上说，凡是与组织会计工作有关的一切事务都属于会计工作组织的内容；从狭义的角度看，会计工作组织的内容则主要包括会计工作管理体制，会计机构设置和会计人员的配备，会计规范的制定与执行以及会计档案等。

（二）会计工作组织的意义

会计工作的组织，主要是通过设置会计机构，配备会计人员，制定与执行会计规章制度，实施与改进会计工作的技术手段，管理会计档案，进行会计工作与其他经济管理工作间的协调，形成一个高效运行的会计工作体系。

会计工作是一项综合性、政策性、严密性都很强的工作，科学合理地组织会计工作，具有以下重要的意义。

1. 有利于保证会计工作质量和提高会计工作的效率

会计是通过对社会再生产过程中的经济活动和财务收支情况进行反映和监督，为管理者以及社会各界提供准确、可靠的会计信息。具体来说，对于各项经济活动及财务收支，会计是通过从凭证到账簿，从账簿到报表，进行连续的记录、计算、分类、汇总并进一步分析检查的。全部过程包括了一系列的程序，需要履行各种手续，各程序及手续之间环环相扣、紧密相连。在任何一个环节上出现了差错，都必然造成整个核算结果不正确或不能及时完成，进而影响整个会计核算工作的质量和效率。所以必须要结合会计工作的特点，科学地设置会计机构并配备高素质的会计人员，认真制定并严格执行会计法规和会计制度，只有这样，才能保证会计工作正常、高效地运行，圆满完成会计的各项工作任务。

2. 有利于加强同其他经济管理工作的协调一致，提高企业整体管理水平

会计工作是企业单位整个经济管理工作的一个重要组成部分，它既有独立性，又同其他管理工作存在着相互制约、相互促进的关系，可以说科学而完善的会计工作组织，需要其他经济管理工作的配合与协调，同时也能促进其他经济管理工作的顺利进行。因此，只有科学地组织好会计工作，才能处理好会计同其他经济管理工作之间的关系，做到相互促进、密切配合、口径一致，从而全面完成会计任务。

3. 有利于加强企业单位的内部经济责任制

会计是经济管理的重要组成部分，而经济管理的一个很重要手段就是实行各单位的内部经济责任制，实行内部经济责任制当然离不开会计，包括科学的经济预测、正确的经济决策，以及业绩考评等。总而言之，科学地组织好会计工作，可以促使企业单位内部各有关部门管好、用好资金，增收节支，通过提高经营管理水平，达到提高经济效益、取得最佳经济效果的目的。

4. 有利于维护好财经法纪，贯彻经济管理工作的方针政策

会计工作是一项错综复杂的系统工作，政策性又很强，必须通过核算如实地反映各单位的经济活动和财务收支，通过监督来贯彻执行国家的有关政策、方针、法令和制度。因此，科学的组织好会计工作，可以促使各单位更好地贯彻实施各项方针政策，维护好财经纪律，为建立良好的社会经济秩序打下基础。

总而言之，会计工作是一项要求极高的综合性经济管理活动，科学、有效地组织和管理会计工作，对于贯彻执行国家的法律、法规、维护财经纪律，建立良好的社会经济秩序都具有十分重要的意义。

二、会计工作组织应遵循的原则

对会计工作进行组织和管理要遵循一定的原则，或者说要遵循一定的要求。组织会计工作的原则，是指组织好会计工作、提高会计工作质量和效率所应遵循的一些基本规律。它是组织好会计工作的基本保证。要保证科学、有效地组织和管理会计工作，必须遵循以下几项原则。

（一）统一性原则

统一性原则是指组织会计工作必须按照会计法和企业会计准则以及其他相关会计法规制

度对会计工作的统一要求，贯彻执行国家规定的法令制度，进行会计核算，实行会计监督，以便更好地发挥会计工作在维护社会主义市场经济秩序，加强经济管理，提高经济效益中的应有作用。

（二）适应性原则

适应性原则是指组织会计工作必须适应本单位经营管理的特点。各单位应在遵守国家法规和准则的前提下，根据自身管理特点及规模大小等情况，制定出相应的具体办法，采用不同的账簿组织、记账方法和程序处理相应的经济业务，以适应企业自身发展的需要。

（三）效益性原则

效益性原则是指组织会计工作时，在保证会计工作质量的前提下，应讲求效益，节约人力和物力。会计工作十分繁杂，如果组织不好，就会造成重复劳动、浪费人力和物力。所以对会计管理程序的规定，会计凭证、账簿、报表的设计，会计机构的设置以及会计人员的配备等，都应避免烦琐，力求精简，引入会计电算化，从工艺上改进会计操作技术，提高工作效率。应防止机构过于庞大、重叠，人浮于事和形式主义，影响会计工作的效率和质量。

（四）内部控制及责任制原则

内部控制及责任制原则是指组织会计工作时，要遵循内部控制的原则，在保证贯彻整个单位责任制的同时，建立和完善会计工作自身的责任制，从现金出纳、财产物资进出以及各项费用的开支等内容形成彼此相互牵制机制，防止工作中的失误和弊端。对会计工作进行合理分工，不同岗位上的会计人员各司其职，使得会计处理手续和会计工作程序达到规范化、条理化。

综上所述，组织会计工作，应在保证会计工作质量的前提下，尽量节约耗用在会计工作上的时间和费用。会计账、会计证、会计表的设计，各种核算程序的选择、有关措施的确定，会计机构的设置和会计人员的配备等，应做到讲成本与讲效果相结合，符合精简节约的原则，既要组织好会计工作，又要减少人、财、物的消耗。

第二节　会计机构

一、会计机构的有关规定

会计机构是指各企、事业单位内部直接从事和组织领导会计工作的职能部门。建立、健全各单位的会计机构是在空间上保证会计工作正常进行，充分发挥会计管理职能作用的重要条件。

（一）会计机构的设置

企业、行政事业单位会计机构的设置，必须符合市场经济对会计工作所提出的各项要求，并与国家的会计管理体制相适应。同时，根据设置的会计机构，制定出符合国家管理规定，适合本单位具体情况的内部会计管理制度，以最大限度地发挥会计机构以及每个会计人员在经济管理过程中的应有作用。

《中华人民共和国会计法》规定："国务院财政部门主管全国的会计工作。县级以上地方各级人民政府的财政部门管理本行政区域内的会计工作。"为此，国家财政部设立会计司，主管全国的会计工作。其主要职责是在财政部领导下，拟定全国性的会计法令，研究、制定改进会计工作的措施和总体规划，颁发会计工作的各项规章制度，管理报批外国会计公司在我国设立常驻代表机构，会同有关部门制定并实施全国会计人员专业技术职称考评制度等。

地方财政部门、企业主管部门一般设财务会计局、处等，主管本地区或本系统所属企业的会计工作。其主要职责是：根据财政部的统一规定，制定适合本地区、本系统的会计规章制度；负责组织、领导和监督所属企业的会计工作；审核、分析、批复所属企业的财务会计报告，并编制本地区、本系统的汇总会计报表；了解和检查所属企业的会计工作情况；负责本地区、本系统会计人员的业务培训，以及会同有关部门评聘会计人员技术职称等。同时，基层企、事业单位的主管部门在会计业务上受同级财政部门的指导和监督。

由上可见，我国基层企、事业单位的会计工作，受财政部门和单位主管部门的双重领导。在每个基层单位内部，一般都需要设置从事会计工作的职能部门，以完成本单位的会计工作。

（二）代理记账

《中华人民共和国会计法》规定："各单位应当根据会计业务的需要，设置会计机构，或者在有关机构中设置会计人员并指定会计主管人员；不具备设置条件的，应当委托经批准设立从事会计代理记账业务的中介机构代理记账。"会计法的这一规定是对会计机构设置所做出的具体要求，这里包含两层含义。

(1) 基层企、事业单位一般应设置会计处、会计科、会计股等会计机构，在厂长、经理或单位行政领导人的直接领导下，负责组织、领导和从事会计工作。规模太小或业务量过少的单位可以不单独设置会计机构，但要配备专职会计工作人员或指定专人负责会计工作。大中型企业要设置总会计师主管本单位的经济核算和经营管理工作，直接领导本单位的财务会计工作，并且直接对厂长、经理负责。此外，单位的仓库等部门，也要根据工作的需要，设置专职的核算人员或指定专人负责业务核算工作。各部门的会计核算人员，在业务上都要接受总会计师或会计部门负责人的指导和监督。

(2) 对于不具备设置会计机构条件的单位，应由代理记账业务的机构完成其会计工作，根据《代理记账管理暂行办法》的规定："在我国从事代理记账业务的机构，应至少有 3 名持有会计从业资格证书的专职人员，同时聘用一定数量相同条件的兼职从业人员。"主管代理记账业务的负责人必须具有会计师以上专业技术资格。代理记账机构要有健全的代理记账业务规范和财务会计管理制度。代理记账业务的机构，除会计师事务所外，必须申请代理记账资格并经过县级以上财政部门审查批准，并领取由财政部统一印制的《代理记账许可证书》，才能从事代理记账业务。

由于会计工作与财务工作都是综合性的经济管理工作，二者的关系十分密切。因而，在我国的实际工作中，通常将处理财务与会计工作的职能机构合并为一个部门。这个机构的主要任务就是组织和处理本单位的财务与会计工作，如实地反映本单位的经济活动情况，以便及时地向各有关利益关系体提供他们所需要的财务会计资料，参与企业单位经济管理的预测和决策，严格执行会计法规制度，最终达到提高经济效益的目的。

二、会计机构的组织形式

企业会计部门承担哪些会计工作，与企业的其他职能部门、车间、仓库等部门之间如何分工，这些都与会计工作的组织形式有关。为了科学地组织会计工作，就必须根据企业规模的大小、业务的繁简以及企业内部其他各组织机构的设置情况，来确定企业会计工作组织形式。

会计工作组织形式一般包括集中核算和非集中核算两种。

（一）集中核算形式

集中核算就是在厂部一级设置专业的会计机构，企业单位的主要会计核算工作都集中在单位的会计部门，单位内各部门一般不单独核算，只是对发生的经济业务进行原始记录，编制原始凭证并进行适当汇总，定期把原始凭证和汇总原始凭证送到会计部门，由会计部门进行总分类核算和明细分类核算。采用集中核算形式，由于核算工作集中在会计部门进行，便于会计人员进行合理的分工，采用科学的凭证整理程序，在核算过程中运用现代化手段，可以简化和加速核算工作，提高核算效率，节约核算费用，并可根据会计部门的记录，随时了解企业内部各部门的生产经营活动情况。只是各部门领导不能随时利用核算资料检查和控制本部门的工作。

（二）非集中核算形式

非集中核算又称分散核算，是指企业单位内部各部门核算本身发生的经济业务，包括凭证的整理、明细账的登记、成本的核算、有关会计报表特别是内部报表的编制和分析等工作，而会计部门只是根据企业内部各部门报来的资料进行总分类核算、编报全厂综合性会计报表，并负责指导、检查和监督企业内部各部门的核算工作。采用非集中核算形式，可以使企业内部各部门随时利用有关核算资料检查本部门工作，随时发现问题，解决问题。但这种核算组织形式对企业会计部门而言，不便于采用最合理的凭证整理办法，会计人员的合理分工会受到一定的限制，就整个企业来看，核算的工作总量有所增加，核算人员的编制加大，因而相应的核算费用也会增多。

在实行内部经济核算制的情况下，企业所属各部门和车间，特别是业务部门，都由企业拨给一定数量的资金，都有一定的业务经营和管理的权利，负有完成各项任务的责任，并可按照工作成果取得一定的物质利益。这些部门和车间为了反映和考核各自的经营成果，可以进行比较全面的核算，单独计算盈亏，按期编报会计报表。但这些部门和车间不能单独与企业外部其他单位发生经济业务往来，也不能在银行开设结算户。

对于一个企业单位而言，采用集中核算组织形式还是非集中核算组织形式并不是绝对的，可以单一地选用集中核算或非集中核算形式，也可以二者兼而有之，即对某些业务采用集中核算而对另外的业务采用非集中核算。但是，无论是采取哪一种组织形式，企业采购材料物资、销售商品、结算债权债务、现金往来等对外业务都应由厂部会计部门办理。企业单位在确定应采用的会计工作组织形式时，既要考虑能正确地、及时地反映企业单位的经济活动情况，又要注意简化核算手续，提高工作效率，具体地说，应注意以下几个方面的问题。

（1）考虑到本单位规模大小、业务繁简以及相关核算条件的要求。

（2）在保证会计核算质量的前提下，力求简化会计核算手续，及时、正确地提供会计核算资料，节约人力和物力。

（3）全面考虑企业单位会计人员的数量和业务素质的适应能力。

（4）各相关部门之间要做到相互配合，有关会计核算资料的确定应口径一致。

三、会计工作岗位的设置

我国大中型企业一般设置以下核算组，每个组的职责和要求如下。

（一）综合组

综合组负责总账的登记，并与有关的日记账和明细账相核对；进行总账余额的试算平衡，编制资产负债表，并与其他会计报表进行核对；保管会计档案，进行企业财务情况的综合分析，编写财务情况说明书；进行财务预测，制定或参与制订财务计划，参与企业生产经营决策。

（二）财务组

财务组负责货币资金的出纳、保管和日记账的登记；审核货币资金的收付凭证；办理企业与供应、购买等单位之间的往结算；监督企业贯彻执行国家现金管理制度、结算制度和信贷制度的情况；分析货币资金收支计划和银行借款计划的执行情况，制订或参与制订货币资金收支和银行借款计划。

（三）工资核算组

工资核算组负责计算职工的各种工资和奖金；办理与职工的工资结算，并进行有关的明细核算，分析工资总额计划的执行情况，控制工资总额支出；参与制定工资总额计划。在由各车间、部门的工资员分散计算和发放工资的组织方式下，还应协助企业劳动工资部门负责指导和监督各车间、部门的工资计算和发放工作。

（四）固定资产核算组

固定资产核算组负责审核固定资产购建、调拨、内部转移、租赁、清理的凭证；进行固定资产的朋细核算；参与固定资产清查；编制有关固定资产增减变动的报表；分析固定资产和固定金的使用效果；参与制定固定资产重置、更新和修理计划；指导监督固定资产管理部门和使用部门的固定资产核算工作。

（五）材料核算组

材料核算组负责审核材料采购的发票、账单等结算凭证进行材料采购收发结存的明细核算；参与库存材料清查；分析采购资金使用情况、采购成本超支、节约情况和储备资金占用情况，参与制定材料采购成本和材料资金占用；参与制定材料采购资金计划和材料计划成本；指导和监督供应部门、材料仓库和使用材料的车间部门的材料核算情况。

（六）成本组

成本组会同有关部门建立健全各项原始记录、消耗定额和计量检验制度；改进成本管理的基础工作；负责审核各项费用开支；参与自制半成品和产成品的清查；核算产品成本，编制成本报表；分析成本计划执行情况；控制产品成本和生产资金占用；进行成本预测，制订成本计划，配合成本分口分级管理将成本指标分解、落实到各部门、车间、班组；指导、监督和组织各部门、车间、班组的成本核算和厂内经济核算工作。

（七）销售和利润核算组

销售和利润核算组负责审核产成品收发、销售和营业收支凭证；参与产成品清查；进行产成品、销售和利润的明细核算；计算应交税金，进行利润分配，编制损益表；分析成品资金占用情况，销售收入、利润及其分配计划的执行情况；参与市场预测，制定或参与制订销售和利润计划。

（八）资金组

资金组负责资金的筹集、使用、调度。随时了解、掌握资金市场动态，为企业筹集资金以满足生产经营活动的需要，要不断降低资金成本，提高资金使用的经济效益。还应负责编制财务状况变动表或现金流量表。

第三节　会计人员

一、会计人员的职责与权限

设置了会计机构，还必须配备相应的会计人员。会计人员通常是指在国家机关、社会团体、公司、企业、事业单位和其他组织中从事财务会计工作的人员，包括会计机构负责人以及具体从事会计工作的会计师、会计员和出纳员等。合理地配备会计人员，提高会计人员的综合素质是每个单位做好会计工作的决定性因素，对会计核算管理系统的运行起着关键的作用。可以说提高会计人员的素质是发展知识经济的需要，是中国加入世界贸易组织的需要，更是企业单位自身发展的需要。

为了使会计人员充分发挥其积极性，使会计人员在工作时有明确的方向和办事准则，以便更好地完成会计的各项工作任务，就应当明确会计人员的职责、权限和任免的各项规定。

1. 会计人员的主要职责

（1）进行会计核算。会计人员应按照会计制度的规定，切实做好记账、算账、报账工作。各单位必须根据实际发生的经济业务事项进行会计核算，要认真填制和审核原始凭证，编制记账凭证，登记会计账簿，正确计算各项收入、支出、成本、费用、财务成果。按期结算、核对账目，进行财产清查，在保证账证相符、账账相符、账实相符的基础上，按照手续完备、数字真实、内容完整的要求编制和报出财务会计报告。

知识链接

会计核算的具体内容

会计核算包括以下具体内容。

（1）款项和有价证券的收付；（2）财物的收发、增减和使用；（3）债权债务的发生和结算；（4）资本、基金的增减和经费的收支；（5）收入、费用、成本的计算；（6）财务成果的计算和处理；（7）其他需要办理会计手续、进行会计核算的事项。

（2）实行会计监督。实行会计监督，即通过会计工作，对本单位的各项经济业务和会计手续的合法性、合理性进行监督。对不真实、不合法的原始凭证不予受理，对账簿记录与实物、款项不符的问题，应按有关规定进行处理或及时向本单位领导人报告；对违反国家统一的财政制度，财务规定的收支不予受理。此外，各单位必须依照法律和国家有关规定，接受财政、审计、税务机关的监督，如实提供会计凭证、会计账簿、会计报表和其他会计资料以及有关情况。

知识链接

单位内部会计监督制度的要求

单位内部会计监督制度应当符合下列要求。

（1）记账人员与经济业务事项和会计事项的审批人员、经办人员、财务保管人员的职责权限应当明确，并相互分离、相互制约。

(2) 重大对外投资、资产处置、资金调度和其他重要经济业务事项的决策应相互监督和制约。

(3) 财产清查的范围、期限和组织程序应当明确。

(4) 对会计资料定期进行内部审计的办法和程序应当明确。

(3) 编制业务计划及财务预算,并考核、分析其执行情况。会计人员应根据会计资料并结合其他资料,按照国家各项政策和制度规定,认真编制并严格执行财务计划、预算,遵照经济核算原则,定期检查和分析财务计划、预算的执行情况。遵守各项收支制度、费用开支范围和开支标准,合理使用资金,考核资金使用效果等。

(4) 制定本单位办理会计事项的具体办法。会计主管人员应根据国家的有关会计法规、准则及其他相关规定,结合本单位具体情况,制定本单位办理会计事项的具体办法,包括会计人员岗位责任制度、钱账分管制度、内部稽核制度、财产清查制度、成本计算办法、会计政策的选择以及会计档案的保管制度等。

2. 会计人员的主要权限

为了保障会计人员更好地履行其职责,《中华人民共和国会计法》及其他相关法规在明确了会计人员职责的同时,也赋予了会计人员相应的权限,具体有以下 3 个方面的权限。

(1) 会计人员有权要求本单位各有关部门及相关人员认真执行国家、上级主管部门等批准的计划和预算。严格遵守国家财经纪律、会计准则和相应会计制度。如果发现有违反上述规定的、会计人员有权拒绝付款、拒绝报销或拒绝执行,对于属于会计人员职权范围内的违规行为,在自己的职权范围内予以纠正,超出其职权范围的应及时向有关部门及领导汇报,请求依法处理。

(2) 会计人员有权履行其管理职能,也就是有权参与本单位编制计划、制定定额、签订合同、参加有关的生产、经营管理会议和业务会议,并以会计人员特有的专业地位就有关事项提出自己的建议和意见。

(3) 会计人员有权监督、检查本单位内部各部门的财务收支、资金使用和财产保管、收发、计量、检验等情况,各部门应该大力支持和协助会计人员工作。

会计人员在正常工作过程中的权限是受法律保护的,《中华人民共和国会计法》第四十六条规定:“单位负责人对依法履行职责、抵制违反本法规定行为的会计人员以降级、撤职、调离工作岗位、解聘或者开除等方式实行打击报复,构成犯罪,依法追究刑事责任;尚不构成犯罪的,由其所在单位或者有关单位依法给予行政处分。对受打击报复的会计人员,应当恢复其名誉和原有职务、级别。”由此可见,任何人干扰、阻碍会计人员依法行使其正当权利,都会受到法律的追究乃至制裁。

二、会计人员的职业道德

会计人员职业道德是会计人员从事会计工作应当遵循的道德标准。会计人员在会计工作中应当遵守职业道德,树立良好的职业品质和严谨的工作作风,严守工作纪律,努力提高工作效率和工作质量。关于会计人员的职业道德,财政部发布的《会计基础工作规范》专门对会计人员的职业道德问题做出了规定,主要包括以下 6 个方面。

1. 敬业爱岗

会计人员应当热爱本职工作,努力钻研业务,使自己的知识和技能适应所从事工作的要求。

2. 熟悉法规

会计人员应当熟悉财经法律、法规、规章和国家统一会计制度，并结合会计工作进行广泛宣传。

3. 依法办事

会计人员应当按照会计法律、法规和国家统一会计制度规定的程序和要求开展会计工作，保证所提供的会计信息合法、真实、准确、及时、完整。

4. 客观公正

会计人员办理会计事务应当实事求是、客观公正。

5. 搞好服务

会计人员应当熟悉本单位的生产经营和业务管理情况，运用所掌握的会计信息和会计方法，为改善单位内部管理、提高经济效益服务。

6. 保守秘密

会计人员应当保守本单位的商业秘密。除法律规定和单位领导人同意外，不能私自向外界提供或者泄露单位的会计信息。

《会计基础工作规范》同时要求财政部门、业务主管部门和各单位应当定期检查会计人员遵守职业道德规范的情况，并作为会计人员晋升、晋级、聘任专业职务、表彰奖励的重要考核依据。会计人员违反职业道德的，由所在单位进行处罚；情节严重的，由会计发证机关吊销其会计从业资格证。

三、会计人员的从业资格

为了加强对会计工作和会计人员的管理，促进各单位配备合格的会计人员，提高会计队伍素质和会计工作水平，充分发挥会计工作在社会主义市场经济建设中的作用，根据《中华人民共和国会计法》关于财政部门管理会计工作的规定，制定了会计从业资格管理办法。其中有重要的一条就是："会计从业资格证是具备一定会计专业知识和技能的人员从事会计工作的资格证书。未取得会计从业资格证的人员，各单位不得任用其担任会计岗位工作。"

会计从业资格证实行验证制度。各级财政、税务等部门具有共同负责检查和监督会计人员持证上岗情况的权利。会计从业资格证及预备会计证由各省、自治区、直辖市、计划单列市财政厅（局）和国务院机关事务管理局统一印制、颁发和管理。会计从业资格证应记载持证会计人员的职称、学历、单位、身份证号、会计证号、发证时间以及年检、奖励、处分、工作业绩、培训、岗位变动等情况。

同时，《会计从业资格管理办法》还规定："会计从业资格证实行注册登记和年检考核制度"，取得会计从业资格证的人员，被单位聘（任）用从事会计工作时，应由所在单位提出申请，并在 30 日内到发证机关进行注册登记，注册后的持证人员作为正式会计人员管理。未经注册登记的会计从业资格证不予办理年检，不得参加会计专业技术资格考试和财政、财务部门组织的在职会计人员培训，在岗会计人员应按规定向发证机关办理会计从业资格证年检。年检工作每两年进行一次。对未经发证机关注册登记、有违法乱纪行为、未按规定参加继续教育培训和脱离会计岗位的，以及弄虚作假骗取会计从业资格证的，发证机关不予办理年检。

四、会计人员的任免

会计工作者既要为本单位经营管理服务，维护本单位的合法经济利益，又要执行国家的财政、财务制度和财经纪律，维护国家的整体利益，同各种本位主义行为、违法乱纪行为做斗争。针对会计的这一工作特点，国家对会计人员，特别是对会计机构负责人和会计主管人员的任免，在《会计法》和其他相关法规中作了若干特殊的规定，包括如下主要内容。

(1) 在我国，国有经济占主导地位，为了保证国有经济顺利、健康有序发展，在国有企、事业单位中任用会计人员应实行回避制度，就是说："单位领导人的直系亲属不得在本单位担任会计机构负责人，同时，会计机构负责人的直系亲属也不得在本单位的会计机构中担任出纳工作。"

(2) 企业单位的会计机构负责人、会计主管人员的任免，应当经过上级主管单位同意，不得任意调动或撤换。也就是说，各单位应该按照干部管理权限任命会计机构负责人和会计主管人员，在任命这些人员时应先由本单位行政领导人提名报主管单位，上级主管单位的人事和会计部门对提名进行协商、考核，并经行政领导人同意后，即可通知上报单位按规定程序任免。

(3) 会计人员在工作过程中忠于职守、坚持原则，如果受到错误处理的，上级主管单位应当责成所在单位予以纠正。会计人员在工作过程中玩忽职守、丧失原则，不宜担任会计工作的，上级主管单位应责成所在单位予以撤换。对于认真执行《会计法》以及其他相关会计法规，忠于职守，做出显著成绩的会计人员，应给予精神的或物质的奖励。

第四节　会 计 档 案

为规范会计档案管理工作，提高会计档案现代化管理水平，财政部、国家档案局对原《会计档案管理办法》(财会字〔1998〕32 号)进行了修订，以财政部、国家档案局令第 79 号发布了新的《会计档案管理办法》，于 2016 年 1 月 1 日起施行。

《会计档案管理办法》对会计档案的内容、管理部门、归档、移交、查阅、保管期限及会计档案的销毁等内容均有明确规定，要求国家机关、社会团体、企业、事业单位、按规定应当建账的个体工商户和其他组织依法管理会计档案。

新《会计档案管理办法》肯定了电子会计档案的法律效力，允许符合条件的会计凭证、账簿等会计资料不再打印纸质归档保存，电子会计凭证的获取、报销、入账、归档、保管等均可以实现电子化管理。同时要求建立会计档案鉴定销毁制度，完善销毁流程，推动会计档案销毁工作有序开展。

财政部和国家档案局主管全国会计档案工作，共同制定全国统一的会计档案工作制度，对全国会计档案工作实行监督和指导。县级以上地方人民政府财政部门和档案行政管理部门管理本行政区域内的会计档案工作，并对本行政区域内会计档案工作实行监督和指导。

(一) 会计档案的概念与内容

会计档案是指单位在进行会计核算等过程中接收或形成的、记录和反映单位经济业务事项的、具有保存价值的文字、图表等各种形式的会计资料，包括通过计算机等电子设备形成、传输和存储的电子会计档案。会计档案具体包括以下内容。

(1) 会计凭证类：原始凭证、记账凭证、汇总凭证、其他会计凭证。

(2) 会计账簿类：总账、明细账、日记账、固定资产卡片、辅助账簿、其他会计账簿。

(3) 财务报告类：月度、季度、年度财务报告(包括会计报表、附表、附注及文字说明)、其他财务报告。

(4) 其他会计资料：银行存款余额调节表、银行对账单、纳税申报表、会计档案移交清册、会计档案保管清册、会计档案销毁清册、会计档案鉴定意见书及其具有保存价值的会计资料。

(二) 电子会计档案

为确保电子会计档案的真实、完整、可用、安全，对于电子会计资料仅以电子形式归档保存的方式，新《会计档案管理办法》提出了如下要求。

(1) 形成的电子会计资料来源真实有效，由计算机等电子设备形成和传输。

(2) 使用的会计核算系统能够准确地、完整地、有效地接收和读取电子会计资料，能够输出符合国家标准归档格式的会计凭证、会计账簿、财务会计报表等会计资料，设定了经办、审核、审批等必要的审签程序。

(3) 使用的电子档案管理系统能够有效接收、管理、利用电子会计档案，符合电子档案的长期保管要求，并建立了电子会计档案与相关联的其他纸质会计档案的检索关系。

(4) 采取有效措施，防止电子会计档案被篡改。

(5) 建立电子会计档案备份制度，能够有效防范自然灾害、意外事故和人为破坏的影响。

(6) 形成的电子会计资料不属于具有永久保存价值或其他重要保存价值的会计档案。

(7) 电子会计资料附有符合《中华人民共和国电子签名法》规定的电子签名。

以上要求中：第(1)、(7)项规定是确保电子会计档案的真实；第(2)、(3)、(6)项是确保电子会计档案的准确、完整、可用；第(4)、(5)项规定是确保电子会计档案的安全。单位内部生成的电子会计资料仅以电子形式归档保存必须同时满足第(1)～(6)项规定；单位外部接收的电子会计资料仅以电子形式归档保存必须同时满足第(1)～(7)项规定。

(三) 会计档案的归档与保管

1. 会计档案的归档

单位的档案机构或档案工作人员所属机构负责管理本单位的会计档案。单位也可以委托具备档案管理条件的机构代为管理会计档案。

单位的会计机构或会计人员所属机构按照归档范围和归档要求，负责定期将应当归档的会计资料整理立卷，编制会计档案保管清册。

当年形成的会计档案，在会计年度终了后，可由单位会计管理机构临时保管1年，再移交单位档案管理机构保管。因工作需要确需推迟移交的，应当经单位档案管理机构同意。

单位会计管理机构临时保管会计档案最长不超过3年，临时保管期间，会计档案的保管应当符合国家档案管理的有关规定，且出纳人员不得兼管会计档案。

2. 会计档案的保管

会计档案的重要程度不同，其保管期限也有所不同。为便于单位档案的统一管理，并结合会计档案的实际利用需求，新《会计档案管理办法》将会计档案的定期保管期限由原3年、5年、10年、15年、25年5类调整为10年、30年两类，并将原附表1、2中保管期限为3年、5年、10年的会计档案统一规定保管期限为10年，将保管期限为15年、25年的会计档案统一规定保管期限为30年。其中会计凭证、会计账簿等主要会计档案的最低保管期限已延长至30年，其他辅助会计资料的最低保管期限延长至10年。会计档案的保管期限，从会计年度终了后的第一天算起。企业会计档案保管期限表,如表 10-1 所示。

表 10-1　企业会计档案保管期限表

序号	档案名称	保管期限	备注
	一、会计凭证类		
1	原始凭证	30 年	
2	记账凭证	30 年	
	二、会计账簿类		
3	总账	30 年	
4	明细账	30 年	
5	日记账	30 年	
6	固定资产卡片		报废清理后保管 5 年
7	其他辅助性账簿	30 年	
	三、财务会计报告类		包括各级主管部门汇总财务会计报告
8	月、季度、半年度财务会计报告	10 年	包括文字分析
9	年度财务会计报告	永久	包括文字分析
	四、其他会计资料类		
10	银行存款余额调节表	10 年	
11	银行对账单	10 年	
12	纳税申报表	10 年	
13	会计档案移交清册	30 年	
14	会计档案保管清册	永久	
15	会计档案销毁清册	永久	
16	会计档案鉴定意见书	永久	

(四)会计档案的移交与借阅

1. 档案移交

单位会计管理机构在办理会计档案移交时,应当编制会计档案移交清册,并按照国家档案管理的有关规定办理移交手续。

纸质会计档案移交时应当保持原卷的封装。电子会计档案移交时应当将电子会计档案及其元数据一并移交,且文件格式应当符合国家档案管理的有关规定。特殊格式的电子会计档案应当与其读取平台一并移交。单位档案管理机构接收电子会计档案时,应当对电子会计档案的准确性、完整性、可用性、安全性进行检测,符合要求的才能接收。

2. 档案借阅

单位应当严格按照相关制度利用会计档案,在进行会计档案查阅、复制、借出时履行登记手续,严禁篡改和损坏。

单位保存的会计档案一般不得对外借出。确因工作需要且根据国家有关规定必须借出的,应当严格按照规定办理相关手续。

会计档案借用单位应当妥善保管和使用借入的会计档案,确保借入会计档案的安全完整,并在规定时间内归还。

（五）会计档案的销毁

新《会计档案管理办法》规定："单位应当定期对已到保管期限的会计档案进行鉴定，并形成会计档案鉴定意见书。经鉴定，仍需继续保存的会计档案，应当重新划定保管期限；对保管期满，确无保存价值的会计档案可以销毁。"

会计档案鉴定工作应当由单位档案管理机构牵头，组织单位会计、审计、纪检监察等机构或人员共同进行。经鉴定可以销毁的会计档案，应当按照以下程序销毁。

（1）单位档案管理机构编制会计档案销毁清册，列明拟销毁会计档案的名称、卷号、册数、起止年度、档案编号、应保管期限、已保管期限和销毁时间等内容。

（2）单位负责人、档案管理机构负责人、会计管理机构负责人、档案管理机构经办人、会计管理机构经办人在会计档案销毁清册上签署意见。

（3）单位档案管理机构负责组织会计档案销毁工作，并与会计管理机构共同派员监销。监销人在会计档案销毁前，应当按照会计档案销毁清册所列内容进行清点核对；在会计档案销毁后，应当在会计档案销毁清册上签名或盖章。

（4）电子会计档案的销毁还应当符合国家有关电子档案的规定，并由单位档案管理机构、会计管理机构和信息系统管理机构共同派员监销。

（5）保管期满但未结清的债权债务会计凭证和涉及其他未了事项的会计凭证不得销毁，纸质会计档案应当单独抽出立卷，电子会计档案单独转存，保管到未了事项完结时为止。

第五节 会计电算化

一、会计电算化的概念

（一）会计电算化的含义

会计电算化是以运用电子计算机为主、把当代电子信息处理技术应用于会计中的简称，即是指为提高会计业务处理水平，用计算机代替手工方式对经济业务进行核算，以及部分代替人脑完成对会计信息的整理、加工、分析、检查、预测乃至对经济活动的决策和控制的全过程。会计电算化是以计算机为核心，融管理科学、信息科学和会计科学为一体的新型边缘学科。它是现代社会化大生产和新技术革命的必然产物。它不仅会引起会计数据处理手段的变革，而且必将对会计工作的内容、方式、方法、程序以及会计理论的研究等产生深远的影响。

（二）会计信息系统的意义

会计电算化的实现，不仅对传统会计产生了巨大的冲击，极大地丰富和加强了会计的管理和控制功能，而且在经济管理诸领域中处于应用计算机的领先地位，起到了带动经济管理诸领域逐步走向现代化的作用。具体来讲，实现会计电算化有以下几个方面的重要意义。

（1）及时、准确、完整地提供会计信息。

（2）提高会计核算的质量，减少误差。

（3）实现了会计信息资源的共享。

（4）促进会计工作规范化，提高会计人员素质。

二、会计电算化的基本内容

会计电算化是一个庞大的数据处理系统。这一庞大的数据处理系统在总体上可以划分为

3 个层次,即会计核算系统、会计管理系统以及会计决策支持系统。这 3 个系统就是会计电算化工作的全部内容,也可以将它们看成是会计电算化工作的 3 个基本阶段。

（一）会计核算系统

会计核算系统是会计管理系统和会计决策支持系统的基础,它为后两者提供数据支持。会计核算系统的任务主要包括：设置会计科目、填制会计凭证、登记会计账簿、进行成本计算以及编制会计报表。它又可以划分为若干个子系统,其中包括：账务处理系统、往来核算系统、工资核算系统、固定资产核算系统、存货核算系统、成本核算系统、销售核算系统、报表汇总系统以及财务分析系统。

（二）会计管理系统

会计管理系统在会计核算系统的基础上,利用会计核算系统提供的数据,借助会计管理软件提供的功能,帮助会计人员合理地管理企业的经济活动。它的主要任务包括：进行会计预测、编制财务计划、实施会计控制、开展会计分析。

（三）会计决策支持系统

会计决策支持系统是电算化会计系统中的最高层次。它的任务主要是根据会计预测的结果,借助会计辅助决策支持软件来对生产、成本、资金、产品的销售和定价以及企业的经营方向等内容进行决策。

三、会计电算化未来发展趋势展望

电算化会计随着电子计算机技术的产生而产生,也必将随着电子计算机技术的发展而逐步完善和发展。可以预见,电算化会计将出现以下发展趋势。

（一）会计电算化将普遍推广和应用,大范围的信息处理网络得以建立

电算化信息处理从形式上看是信息处理手段的变化,实质上却是生产方式的转变,是一种先进的生产力,因而具有广阔的发展前景。随着经济的发展及人们对电子技术认识的加深,它必将获得普遍推广和应用。同时,随着网络技术的发展,大范围的会计信息处理网络也必将建立。

（二）信息处理和分析专业化、智能化

由于信息处理和分析专业性较强,需要专门的人才,具备多方面的知识,且具有较高成本,因此为小企业及个体经济提供信息服务的专业部门(类似于目前的代理记账)将会逐渐出现。此外,随着智能电子技术的发展,信息处理也会朝着智能化发展。

（三）与管理会计系统相结合,促进企业管理信息系统的建立和完善

现行会计体系把会计分为财务会计(含成本会计)和管理会计两个子系统。电算化会计信息处理的代码化、数据共享和自动化,为两个子系统的结合提供了条件和可能。况且,如果电算化一直停留在财务会计子系统,而不涉及管理会计子系统的预测、决策、规划和分析,不涉及企业经济活动与效益的评估,不涉及内部责任会计和业绩评价,那么也就失去了发展电算化的意义。因此,从发展的眼光看,企业应同时建立两个子系统并予以有机结合,以便运用财务会计资料,建立适应管理需要的会计模型,使电算化会计从核算型向管理型发展,从而推动整个企业管理信息系统的开发建立和完善。

（四）促进会计自身的发展和变革

在一定意义上讲，电算化会计产生和发展的过程，也是突破传统会计观念，对现行会计理论和方法提出新问题、新课题以及研究和确立新的理论和方法的过程。如电算化会计在系统设计、工作组织、信息处理及账务处理程序等方式和方法上的改变，本身就是对现行会计理论和方法的突破和完善。虽然从短期看，这些影响只是渐进性的，但从长期看，随着电子技术的飞速发展和电算化信息系统的普及应用，新的问题和新的课题不断出现，如信息处理网络建立后，企业将如何做到既及时合法提供会计信息，又能有效保护商业秘密；两个会计子系统实现结合后，如何改进现有财务报告；信息经济将对现行会计理论和方法产生什么影响。对新课题进行深入研究，必将形成新的会计理论和方法，而新的会计理论和方法的确立，又将使电算化会计在新的基础上获得进一步完善和发展。

第六节　会计准则体系

一、会计法规体系概述

会计的法律法规是组织和从事会计工作必须遵循的规范。它是经济法规制度的重要组成部分。制定和实行会计法律法规，可以保证会计贯彻执行国家有关的财经政策，保证会计工作沿着社会主义市场经济的方向前进，可以使其提供的会计资料和会计信息真实、及时、可靠等。

我国企业会计核算法规体系包括以下三部分。

1. 会计法律

会计法律是由全国人民代表大会及其常务委员会制定，以国家主席的命令发布，如《中华人民共和国会计法》。

2. 会计行政法规

会计行政法规是由国务院或国务院有关部门制定，如《总会计师条例》《企业会计准则》《小企业会计准则》等。

3. 部门规章

部门规章是由财政部或各级财政部门制定，如《会计基础工作规范》《会计档案管理办法》等。

我国已经形成了以《会计法》为核心的较为完整的会计法规体系。

会计准则是反映经济活动、确认产权关系、规范会计核算行为，保证会计信息质量的会计技术标准。是生成和提供会计信息的重要依据，也是政府调控经济活动、规范经济秩序、引导社会资源合理配置、保护投资者和社会公众利益、开展国际经济交往等的重要手段。

我国已经颁布的会计准则有《企业会计准则》、《小企业会计准则》和《事业单位会计准则》。

二、企业会计准则

我国企业会计准则体系的框架结构是由基本准则、具体准则和应用指南构成，具体分为3个层次。

（一）第一层次是起统驭作用的基本准则

基本准则是纲，是进行会计核算工作必须共同遵守的基本要求，体现了会计核算的基本规律。基本准则主要规范会计目标、会计基本假设、会计信息质量要求、会计要素的确认和计量原则、财务会计报告基本要求等，是对会计核算要求所做的原则性规定，相当于国际财务报告准则系统中的《编制财务报表的框架》。它具有覆盖面广、概括性强等特点。其作用是指导具体准则的制定和为尚未有具体准则规范的会计实务问题提供处理原则。

（二）第二个层次是具体准则

具体准则是目，根据基本准则的要求制定，主要规范企业发生的具体交易或事项的会计处理，为企业处理会计实务问题提供具体而同一的标准。具体准则由以下 3 类组成。

1. 一般业务准则

它规范了各类企业普遍适用的一般经济业务的确认、计量和披露要求，包括存货、长期股权投资、投资性房地产、固定资产、无形资产、非货币性资产交换、资产减值、职工薪酬、债务重组、或有事项、收入、所得税、会计资产、会计估计变更和差错更正、资产负债表日后事项等。

2. 特殊行业的特定业务准则

它规范了特殊行业的特定业务的确认、计量和披露要求，包括生物资产、金融工具确认和计量、金融资产转移、套期保值、石油天然气开采、金融工具列报等。

3. 报告准则

它规范了各类企业通用的财务会计报告，包括财务报表列报、现金流量表、中期财务报告、合并财务报表每股收益、分布报告、关联方披露等。

（三）第三个层次是会计准则应用指南

会计准则应用指南是补充，是对具体准则的操作指引，由会计准则解释、会计科目和主要账务处理两部分组成，为企业执行会计准则提供操作性规范。

会计准则解释主要对具体准则中的重点、难点和关键点做出解释性规定。

会计科目和主要账务处理主要根据具体准则中涉及确认和计量的要求，规定了 162 个会计科目及其主要账务处理，基本涵盖了所有企业的各类交易或事项。

2006 年我国颁布了《企业会计准则》，包括 1 个基本准则和 38 个具体准则，自 2007 年1 月 1 日起在上市公司执行；2014 年又对部分具体准则做出修订并新颁布 3 个具体准则，至此，具体准则达到 41 项。

三、小企业会计准则

《小企业会计准则》于 2011 年 10 月 18 日由中华人民共和国财政部以财会〔2011〕17 号印发，要求符合适用条件的小企业自 2013 年 1 月 1 日起施行，并鼓励提前执行。财政部 2004 年发布的《小企业会计制度》(财会〔2004〕2 号)予以废止。

（一）小企业的确认条件

2011 年 6 月 8 日工业和信息化部、国家统计局、发张改革委、财政部制定颁布了《中小企业划型标准规定》，将企业划分为大、中、小、微 4 种类型，还将个体工商户纳入了标准范围，参照执行。

《小企业会计准则》适用于在中华人民共和国境内设立的、符合《中小企业划型标准规定》所规定的小型企业标准的企业，但不包括下列三类小企业：一是股票或债券在市场上公开交易的小企业；二是金融机构或其他具有融资性质的小企业；三是企业集团内的母公司和子公司。

（二）小企业会计准则颁布的意义

小企业分布于各行各业，由于规模不大、承受经营风险的能力不强，不稳定性、不可持续性特征明显，为此，研究制定符合小企业发展特征、满足小企业会计信息使用者需求的小企业会计准则具有重要意义。小企业会计准则的颁布是我国会计改革的进一步深化，既是市场经济不断发展的必然需要，也是小企业会计信息质量不断提高的要求。

《小企业会计准则》作为我国企业会计准则的重要组成部分，具有以下特点。

(1) 既以国际趋同为努力方向，又立足于我国小企业发展的实际。

(2) 既保持自身体系完整，又与企业会计准则有序衔接。

(3) 有利于加强小企业内部管理，促进其又好又快发展。

(4) 有利于加强小企业税收征管，促进小企业税负公平。

(5) 有利于加强小企业贷款管理，防范小企业贷款风险。

（三）小企业会计准则的框架结构

基于"内容完整、通俗易懂、便于操作、强化监管"的要求，小企业会计准则体系由小企业会计准则和应用指南两部分组成。小企业会计准则主要规范小企业通常发生的交易或事项的会计处理，为小企业处理会计实务问题提供具体而统一的标准；应用指南规定了 66 个总账科目和相关明细科目的设置，主要账务处理、财务报表的种类、格式及编制说明，为小企业执行小企业会计准则提供了操作性规范。

2011 年颁布的《小企业会计准则》共 10 章 90 条，分为总则、资产、负债、所有者权益、收入、费用、利润、外币业务、财务报表、附则共 10 章，具体规定了小企业会计确认、计量和报告的全部内容。

四、事业单位会计准则

2012 年 12 月，财政部发布了修订后的《事业单位会计准则》，自 2013 年 1 月 1 日起在各级各类事业单位实行。

（一）修订背景

《会计准则》自 1997 年发布实施以来，对规范事业单位会计核算工作，保证会计信息质量发挥了积极作用。但随着财政改革和事业单位会计管理工作不断发展，客观要求对《会计准则》进行修订，主要表现在以下 3 个方面。

一是 2000 年以来，围绕公共财政体制建设，各项财政改革不断推进，很多改革涉及会计核算的调整，对《会计准则》进行修订有利于确保相关财政改革政策的贯彻落实。

二是 2012 年 2 月，财政部发布了新的《事业单位财务规则》，对《会计准则》进行修订，有利于通过日常会计核算将对事业单位财务管理新的要求落到实处。

三是修订《会计准则》是财政部强化事业单位财务会计制度建设、落实全国打击发票违法犯罪活动工作要求的重要措施。

（二）事业单位会计准则框架体系

《事业单位会计准则》共 9 章 49 条，在维持原准则基本框架结构的基础上，对大部分条款作了修改完善，主要内容包括事业单位会计目标、会计基本假设、会计核算基础、会计信息质量要求、会计要素的定义及项目构成和分类、一般确认计量原则、财务报告等基本事项。

与原准则相比，修订后的准则主要在以下方面作了调整。

(1) 明确根据新《会计准则》制定事业单位会计制度和行业事业单位会计制度。

(2) 明确了事业单位会计核算目标应当反映受托责任，同时兼顾决策有用。

(3) 合理界定会计核算基础，与《事业单位财务规则》相协调，规定事业单位会计核算一般采用收付实现制，部分经济业务(事项)、行业事业单位可以采用权责发生制，具体范围另行规定。

(4) 合理界定了会计要素，考虑到采用权责发生制核算的行业事业单位，其会计要素应当以"费用"替代"支出"，明确了会计要素包括资产、负债、净资产、收入、支出或费用。

(5) 强化了事业单位会计信息质量要求，将第二章标题由"一般原则"修改为"会计信息质量要求"，对会计信息质量增加了全面性的要求。

(6) 在资产构成项目中增加了"在建工程"，为将基建账套相关数据并入会计"大账"提供了依据。

(7) 明确了各会计要素确认计量的一般原则。

(8) 明确了事业单位对固定资产计提折旧、对无形资产进行摊销的，由财政部在相关财务会计制度中规定。

(9) 调整了净资产项目构成，增加了"财政补助结转结余""非财政补助结转结余"等。

(10) 完善了财务会计报告体系，规定财务会计报告的主要内容及相关报表的基本列报格式。

本章小结

通过本章的学习，系统掌握以下知识点。

本章内容	重要知识点	
会计工作组织	概念	是指运用一整套会计专门方法，对会计事项进行处理的活动
	原则	统一性、适应性、效益型、内部控制及责任制原则
会计机构	概念	是指各企、事业单位内部直接从事和组织领导会计工作的职能部门
	主管部门	国务院财政部门：主管全国的会计工作 县级以上地方各级人民政府的财政部门：管理本行政区域内的会计工作
	组织形式	集中核算、非集中核算
	岗位设置	综合组、财务组、工资核算组、固定资产核算组、材料核算组、成本组、销售和利润核算组、资金组
会计人员	会计人员	会计机构负责人以及具体从事会计工作的会计师、会计员和出纳员等
	职责	会计核算、会计监督、编制财务预算、考核分析
	职业道德	敬业爱岗、熟悉法规、依法办事、客观公正、搞好服务、保守秘密
	从业资格	会计证是具备一定会计专业知识和技能的人员从事会计工作的资格证书。未取得会计证的人员，各单位不得任用其担任会计岗位工作

续表

本 章 内 容	重要知识点	
会计档案	概念	单位在进行会计核算等过程中接收或形成的、记录和反映单位经济业务事项的、具有保存价值的文字、图表等各种形式的会计资料
	内容	会计凭证、会计账簿、财务会计报告、其他会计资料、电子会计档案
	归档	单位的档案机构或者档案工作人员所属机构负责，或委托代管
	保管期限	定期(10 年、30 年)和永久
	其他规定	归档与保管、移交与借阅、销毁
会计电算化		是指运用电子计算机，把当代电子信息处理技术应用于会计中的简称
	内容	会计核算系统、会计管理系统、会计决策支持系统
会计准则体系	会计法律体系：会计法律、会计行政法规、部门规章	
	企业会计准则：由基本准则、具体准则和应用指南构成	
	小企业会计准则：由小企业会计准则和应用指南两部分组成	
	事业单位会计准则：共 9 章 49 条	

参 考 文 献

[1] 会计从业资格考试辅导教材——会计基础[M]. 北京：立信会计出版社，2015.

[2] 企业会计准则编审委员会. 企业会计准则案例讲解[M]. 北京：立信会计出版社，2016.

[3] 财政部会计资格评价中心. 初级会计实务[M]. 北京：中国财政经济出版社，2015.

[4] 贺密柱，吕翠萍. 会计基础[M]. 呼和浩特：内蒙古大学出版社，2012.

[5] 康莉，曹志军. 基础会计[M]. 北京：机械工业出版社，2010.